Anna Boschner
Simona Pinwinkler

Schattenorte

Geschichten und Geheimnisse in Salzburg

VERLAG ANTON PUSTET

Anna Boschner
Simona Pinwinkler

SCHATTEN ORTE

Geschichten und Geheimnisse in Salzburg

VERLAG ANTON PUSTET

Impressum

Bibliografische Information der Deutschen Nationalbibliothek
Die Deutsche Nationalbibliothek verzeichnet diese Publikation in der Deutschen Nationalbibliografie; detaillierte bibliografische Daten sind im Internet über http://dnb.d-nb.de abrufbar.

Grafik, Satz und Produktion: Tanja Kühnel
Lektorat: Markus Weiglein
Druck: Florjančič tisk d.o.o.
Gedruckt in der EU

ISBN 978-3-7025-1112-8

www.pustet.at

Wir bemühen uns bei jedem unserer Bücher um eine ressourcenschonende Produktion. Alle unsere Titel werden in Österreich und seinen Nachbarländern gedruckt. Um umweltschädliche Verpackungen zu vermeiden, werden unsere Bücher nicht mehr einzeln in Folie eingeschweißt. Es ist uns ein Anliegen, einen nachhaltigen Beitrag zum Klima- und Umweltschutz zu leisten.

Bleiben wir in Verbindung –
melden Sie sich hier zu unserem Newsletter an

Inhaltsverzeichnis

Verbrechen, Strafe und Tod

Krankheiten und Katastrophen

Gewalt, Kampf und Vertreibung

Zweiter Weltkrieg und Nationalsozialismus

Anhang

Vorwort

Ein weites Feld neben der Bundesstraße. Autos rauschen vorbei, der Verkehr nach Salzburg und auch in Richtung Walserberg ist stark. Am Horizont erhebt sich der Untersberg, davor liegen grüne Wiesen und die Ortschaft Gois. Fast 100 Kilometer südlich der Fläche, wo einst die blutige Schlacht auf dem Walserfeld tobte, finden sich bei St. Andrä im Lungau Holztafeln in einem kleinen Waldstück, die auf Erhebungen im Boden hinweisen. Hier fanden einst vermeintliche Hexen und Zauberer ihren Tod im Feuer. Die Hinrichtungsstätten waren quer über das gesamte Land verteilt und befanden sich auch in der Stadt Salzburg. Hier sind es die Menschen, die in der Getreidegasse aneinander vorbeirauschen – in einem Durchgang prangt, in der alltäglichen Hektik leicht zu übersehen, ein goldenes Kreuz über Haus Nr. 3 an der Decke: Es gleicht dem Symbol der Tempelritter.

Das sind nur wenige Orte in Salzburg, die eine Gemeinsamkeit haben: Über sie alle kann eine Geschichte erzählt werden, die teils Jahrhunderte zurückliegt, aber an diesen Schauplätzen noch heute in irgendeiner Form auszumachen ist. Geschichten, die etwas Mystisches, ja sogar Geheimnisvolles an sich haben. Und doch sind sie vielerorts in Vergessenheit geraten.

In den vergangenen zwei Jahren haben wir uns auf die Suche nach genau diesen dunklen „Schattenorten“ gemacht. 30 davon haben wir nur für dieses Buch noch einmal zusammengetragen. So groß ist Salzburg nicht, möchte man meinen? Irgendwann hat man alles einmal gesehen, ist hier und da zu hören? Das stimmt so nicht ganz, vielmehr mussten wir bei unserer Recherche feststellen: Es gibt Hunderte Orte in Salzburg, deren Geschichten uns und vielleicht auch Ihnen noch völlig unbekannt waren.

Selbst wer schon jahrelang in Salzburg wohnt, entdeckt hier immer wieder neue Facetten. Das mag ein eigentlich fast verblichener Fleck auf dem Marmorboden von Schloss Mirabell sein, ein Turm hoch oben auf der Festung Hohensalzburg, Bombenkrater in einem Wald in Bergheim oder ein Schloss im Lungau, in dem es angeblich spukt.

Das gesamte Land und die Stadt Salzburg stecken voller dunkler Geschichten und Geheimnisse, sind wir überzeugt. Einen Teil davon konnten wir bereits lüften. Jedes Kapitel beleuchtet einen anderen Ort, über den es eine spannende Geschichte zu erzählen gibt. Und jedes dieser Geheimnisse ist für Sie als Podcast nachzuhören. Begeben Sie sich gemeinsam mit uns auf eine Spurensuche – mit diesem Buch in der Hand und Kopfhörern im Ohr!

Viel Spaß beim Lesen und Hören,
Anna Boschner und Simona Pinwinkler

Danksagung

Das vorliegende Buch wäre nie entstanden, hätten wir nicht einen derart großen Zuspruch von Hörerinnen und Hörern des Podcasts „Schattenorte" wie auch den Leserinnen und Lesern der *Salzburger Nachrichten* erhalten. Ein großer Dank gilt daher vor allem ihnen, da sie uns über mittlerweile drei Podcast-Staffeln getragen haben. Uns haben in dieser Zeit zahlreiche Zuschriften zu inhaltlichen Fragen und Ideen für weitere „Schattenorte" erreicht, die uns dabei geholfen haben, dieses Buch zu füllen und um weitere wichtige Details zu ergänzen. Die präsentierten Inhalte erheben allerdings keinen Anspruch auf Vollständigkeit, denn jedes Thema für sich wäre ein eigenes Buch Wert. Die Liste an weiteren Orten mit dunkler oder geheimnisvoller Geschichte in Salzburg ist lang. Der Stoff wird uns daher nicht so schnell ausgehen.

Spannende Geschichten sind es aber erst geworden, weil wir Gespräche mit belesenen, klugen und vor allem gesprächsbereiten Menschen geführt haben. Gerade bei dunklen, heiklen Aspekten war es nicht immer einfach, Expertinnen und Experten zu finden, die im Zusammenhang mit den lokalen und spezifischen Themen in und rund um Salzburg über Wissen verfügen und dieses auch teilen wollen. Umso größer ist daher unser Dank an all jene, die bereit waren, mit uns zu sprechen und uns an Orte geführt haben, die wir oft selbst noch nicht kannten. Auch wir als Autorinnen haben Salzburg auf neue Weise kennenlernen dürfen. Besonders hervorzuheben sind jene, die sogar Teil mehrerer Folgen – bzw. Kapiteln dieses Buches – sind und uns mit ihrer Expertise in verschiedenen Gebieten zur Seite standen: die Historikerinnen und Historiker Sabine Veits-Falk, Gerhard Ammerer, Christoph Brandhuber, Erich Marx, Albert Lichtblau, Peter Klammer und Livia Heilingbrunner, darüber hinaus den Molekularbiologen Jan Cemper-Kiesslich.

Ein großer Dank gilt auch unseren Kolleginnen und Kollegen aus der Redaktion der Salzburger Nachrichten für ihre Unterstützung bei dieser Serie, Ideen für Themen und die Verbreitung auf sämtlichen digitalen Kanälen. Dabei soll auch SN-Fotograf Robert Ratzer nicht unerwähnt bleiben, der viele „Schattenorte" mit seiner Kamera festgehalten hat. Ein Teil seiner Fotos ist nun auch in diesem Buch verewigt. Ebenso danken wir allen Gesprächspartnerinnen und -partnern sowie Archiven und Institutionen, die uns ihr Bildmaterial zur Verfügung gestellt haben.

Wir danken natürlich dem Verlag Anton Pustet, der mit der Idee auf uns zugekommen ist, aus unserer Arbeit ein Buch zu machen. Hierbei ist vor allem Markus Weiglein zu nennen, dem wir für sein akribisches Lektorat und der freundlichen, verständnisvollen und immer unterstützenden Zusammenarbeit danken.

Abschließend ist noch festzuhalten, dass die Serie ohne unsere Familien und Freunde nicht möglich gewesen wäre. Sie waren häufig die ersten, die die Podcast-Folgen gehört, unsere Texte gelesen und uns als strengste Kritikerinnen und Kritiker Feedback gegeben haben. Für euer genaues Hinhören, das Akzeptieren von langen Abenden vor dem Laptop und die Bereitschaft, am Wochenende „Schattenorte" – wie versteckte Villen am Wolfgangsee – aufzusuchen, sind wir unendlich dankbar.

Hexen, Zauberer und Legenden

1

Auf den Spuren eines Geheimordens

Mythos Tempelritter

Wirkten die Templer auch in Salzburg? Und gab es im Jahr 1292 tatsächlich eine Synode in der Stadt, welche über die Zukunft des Ordens beriet? Forschende suchen nach Antworten.

Viele Mythen ranken sich um den Orden der Tempelritter. Und so geben auch in der Stadt Salzburg gewisse Funde Anlass für Fragen. Die Historikerin Livia Heilingbrunner etwa sei regelmäßig unbewusst an einem maßgeblichen Symbol vorbeigezogen, doch erst während der Corona-Lockdowns, als die Straßen in der Mozartstadt menschenleer waren, habe sie es entdeckt, wie sie erzählt: Ein Tatzenkreuz befindet sich an der Decke des Schatz-Durchhauses in der Getreidegasse Nr. 3. Es gleicht dem Templerkreuz – einem gleicharmigen roten Kreuz auf weißem Grund, welches das Wappen des mittelalterlichen Ritterordens zierte. Livia Heilingbrunner, die sich in ihrer Dissertation an der Universität Salzburg mit den Tempelrittern beschäftigt, hat hinsichtlich der Geschichte dieses Hauses nachgeforscht. Die erste Erwähnung des Gebäudes lässt sich auf das Jahr 1363 zurückführen, also lange nach der Auflösung des Templerordens durch den Papst anno 1312. „Allerdings wissen wir auch, dass das Haus zu dem Zeitpunkt bereits hundert Jahre lang gestanden hat." Die Historikerin hat die Archive durchforstet, aber keinerlei Belege für eine Verbindung zu den Templern finden können. Dann aber ist sie einem weiteren Hinweis nachgegangen: „Im Jahr 1994 hat man bei archäologischen Ausgrabungen einen bislang unbekannten Kellerraum im Gebäude entdeckt. Es soll sich dabei um einen mehrgeschoßigen Wohnturm gehandelt haben." Das sei ein Anhaltspunkt, aber mehr nicht, wie Heilingbrunner betont: „Das gleicharmige Kreuz kann auch auf die Kapelle hinweisen, die sich dahinter befunden hat." Auch das Spruchband über dem Eingang des Durchhauses, das das allsehende Auge, oder auch „Auge Gottes" genannt, ziert, muss der Historikerin zufolge nicht auf eine Verbindung zu den Templern oder Freimaurern hinweisen. Denn: „Das Symbol wird zum Beispiel auch im christlichen Kontext

Das Schatz-Durchhaus in der Getreidegasse samt Tatzenkreuz an der Decke.

verwendet." Der Templerorden entstand um 1120 in Jerusalem zum Schutz der Kreuzfahrer. Es handelte sich dabei um eine militärische Eliteeinheit, die das adlige Rittertum und das Mönchtum vereinte. Der Orden verfügte bald über viele Besitzungen, finanziellen und politischen Einfluss. Das führte letztlich zu seinem Niedergang. Der französische König Philipp IV. ließ die Templer ab 1307 verfolgen und ihren Besitz beschlagnahmen, fünf Jahre später soll Papst Clemens V. den Orden aufgelöst haben. Viele Templer flohen, manche wurden hingerichtet. Seither ranken sich um sie viele Mythen und Legenden.

Und gerade die Geschichte um ihr Ende muss vielleicht umgeschrieben werden: Der Rechtshistoriker und Dozent für Römisches Recht an der Universität Salzburg, Daniele Mattiangeli, bezweifelt die Auflösung des Ordens im Jahr 1312 durch den Papst. Er ist derzeit auf der Suche nach den originalen Bullen, die sich mit den Templern beschäftigen. Bis auf zwei habe er alle gefunden, wie er erzählt. Jene von der Auflösung aus dem besagten Jahr 1312 ist bislang jedoch unauffindbar. „Widersprüchliche Aussagen, die sich im Text der Kopie finden und der Umstand, dass die Entscheidung des Papstes auch auf Druck des französischen Königs herrührt, macht die Aufhebung des Ordens aus rechtlicher Sicht anfechtbar." Gemeinsam mit dem Päpstlichen Komitee für Geschichtswissenschaft wird der Rechtswissenschaftler weiterforschen.

Während Besitzungen oder Niederlassungen der Templer für Niederösterreich und Wien belegt sind und für die Steiermark angenommen werden, stochern die Forschenden in Salzburg noch im Dunkeln. Daniele Mattiangeli ist mehreren Hinweisen nachgegangen: „Drei Kirchen werden immer wieder mit den Templern in Verbindung gebracht: die Michaelskirche und die Franziskanerkirche in der Salzburger Altstadt sowie die Kirche St. Johannes am Imberg." Letztere sei eine nähere Betrachtung wert: „Sie liegt strategisch günstig am Fuß des Kapuzinerbergs, außerdem sind Johannes der Täufer und Johannes der Evangelist Beschützer dieser Kirche, was bei vielen Templerkirchen der Fall war." Doch es sei nur ein Indiz für ein Wirken des Ordens. Urkundlich wird die Kirche erstmals im Jahr 1319 erwähnt, also ebenfalls nach Auflösung des Ordens. Eine weitere Frage, auf die Mattiangeli Antworten sucht, ist, ob es in Salzburg im Jahr 1292 eine Synode über die Zukunft der Templer gegeben hat. In dem Buch *Aus der Geschichte des Dorfes Heiligenstadt* aus 1807 wird in einer Fußnote von einem „Konzilium in Salzburg zur Aufhebung oder Vereinigung" der Templer mit dem Deutschen Orden oder den Johannitern geschrieben. „Das wäre außergewöhnlich. Denn aus Quellen wissen wir, dass Papst Clemens V. tatsächlich eine Fusion vorhatte." Das sei bislang der einzige Anhaltspunkt. Noch sucht Mattiangeli nach Belegen aus dem Mittelalter. Dass die Quellenlage zu den Templern so dünn ist, sei ungewöhnlich, sagt der Historiker: „Es gibt so viele päpstliche Bullen zu den Templern, umgekehrt finden wir keine Schriftstücke von dem Orden. Es kann nicht alles verschwunden sein."

Obwohl bislang keine Existenz der Templer in Salzburg nachgewiesen werden konnte, laufen in der Stadt die Fäden für die Forschung zusammen. Gemeinsam mit dem Forensiker und Molekularbiologen Jan Cemper-Kiesslich leitet Mattiangeli seit dem Frühjahr 2021 das Forschungsnetzwerk „Salzburg International Templar Studies Network". Es ist die erste vom Vatikan anerkannte universitäre Forschungsgruppe, die sich dem Templerorden widmet. Cemper-Kiesslich untersucht als Forensiker die sterblichen Überreste von möglichen Tempelrittern und versucht so etwa das Alter, die Herkunft, Ernährungsgewohnheiten und den Lebensraum zu erfassen. Noch ist kein Leichnam eines Templers in Salzburg gefunden worden, wie der Forscher klarstellt: „Ziel ist es, anhand naturwissenschaftlicher Analysen die Lebensrealität der Templer zu rekonstruieren."

Da noch viele Fragen zu den Templern unbeantwortet sind, kursieren viele Mythen um den Orden, die auch durch Filme, Bücher und Computerspiele weitergesponnen werden. So gibt es Tausende selbsternannte Nachfolge-Organisationen, von denen aber keine offiziell anerkannt ist. Für Historikerin Livia Heilingbrunner ist die Untersuchung der Ordensgeschichte daher umso wichtiger: „Die aktuelle Forschung kann Licht ins Dunkel bringen. Denn nur, weil wir gewisse Antworten noch nicht kennen, heißt das nicht, dass es sich durchwegs um unlösbare Geheimnisse handelt."

2

Hier spukt es doch!

Hexenprozesse auf Schloss Moosham

Um das Schloss Moosham im Lungau ranken sich viele Gruselgeschichten. Tatsache ist: In den Mauern wurden einst viele Menschen gefoltert und wegen Hexerei zum Tode verurteilt.

Eine Tür öffnet sich, die fest verschlossen schien. Ein Schrank, wuchtig und Hunderte Kilogramm schwer, wankt und scheppert. Ein Licht geht an, obwohl niemand zu sehen ist. Um Schloss Moosham in Unternberg im Lungau ranken sich viele Geistergeschichten. Nach einem Rundgang mit Geschäftsführerin Theresita Wilczek wissen wir warum: „So viel kann ich sagen, ich bin nie allein im Schloss." Sie habe sich gewöhnt an diese „Schlosssachen", wie sie die unerklärlichen Vorkommnisse nennt, die sich an diesem Ort immer wieder abspielen sollen. „Hier ist viel passiert, es sind viele Menschen innerhalb dieser Mauern gestorben, die Aktivität ist daher ganz natürlich." Gerne spricht die Tochter des Schlossherrn Hans-Heinrich nicht darüber. Denn viele würden es nicht glauben, bis sie es selbst erlebt hätten.

Das Anwesen blickt auf eine bewegte Geschichte zurück. Für das Jahr 1191 findet sich der erste urkundliche Nachweis einer Schlossanlage der Herren von Moosham. Im 14. Jahrhundert wurde das Schloss Sitz des Blut- und Pfleggerichts im Lungau. „Hier wurden die Schwerdelikte abgehandelt, darunter auch Hexenprozesse", wie Theresita Wilczek erzählt. Die Angeklagten waren im Hexenturm, dem ältesten Teil des Schlosses, in Gefängniszellen untergebracht. Nur dünne Schlitze oberhalb der Tür lassen Luft und Licht durch, ansonsten dominieren dunkle, kleine Gräben. Daran anschließend befindet sich die Folterkammer. Streckbank, Maulsperren, Daumenschrauben und ein Seil, an dem die Menschen rücklings hochgezogen wurden, sind noch erhalten. Damit hat man die Geständnisse erzwungen. Wer die Tortur überlebte, musste wieder in der Zelle ausharren, bis er oder sie entweder zum Tode verurteilt oder – in seltenen Fällen – entlassen wurde.

Schloss Moosham im Lungau – einst Sitz des Blut- und Pfleggerichts.

Der Lehrer und Lokalhistoriker Peter Klammer beschäftigt sich seit Jahren mit den Hexenprozessen im Lungau: „Wenn es zu einer Anklage kam, wurden die wenigsten freigesprochen." Die Folterungen in Moosham hätten durchaus der damals gängigen Praxis entsprochen. Das Pfleggericht unterstand dem Salzburger Erzbischof, somit mussten sämtliche Befragungsprotokolle nach Salzburg übermittelt und weitere Anweisungen abgewartet werden. Die Richtstätte befand sich jedoch nicht beim Schloss, sondern am Passeggen zwischen St. Andrä und Tamsweg. Dort richtete ein Henker die Verurteilten mit dem Schwert hin, bei schweren Delikten wurden sie gehängt und anschließend verbrannt. Besonders grausam soll Anton Heilmayer vorgegangen sein, der im 18. Jahrhundert 30 Jahre lang als Gerichtsdiener auf Schloss Moosham tätig war und als „Schörgentoni" in die Geschichte eingegangen ist. Er soll Provision für jeden, den er verhörte, verlangt haben. „Jeder im Lungau kennt den Schörgentoni", sagt Wilczek. Eine Legende besagt, er sei so böse gewesen, dass ihn nicht einmal die Hölle aufgenommen hätte.

Eine Angeklagte, die ihre Haft auf Schloss Moosham überlebte, war Anna Christophin, die auch als „Siechenmeisterin von Mauterndorf" bekannt war. Die damals 70-Jährige wurde 1642 der Wahrsagerei und anderer „heimlicher Künste" beschuldigt und angeklagt. Als Siechenmeisterin pflegte sie im sogenannten Siechenhaus in Mauterndorf nicht nur Kranke, sondern gewährte auch Fremden und Armen Zuflucht. Das habe sie verdächtig gemacht, wie Anna Vierlinger schildert. Die Studienassistentin am Fachbereich Geschichte an der Universität Salzburg hat in ihrer Bachelorarbeit den Prozess der Anna Christophin untersucht. Dafür hat sie die Verhörprotokolle im Landesarchiv Salzburg ausgeforscht und ausgewertet. „Die Quellen geben Einblick, wie der Prozess abgelaufen ist". So wurde die Angeklagte im Verhör unter anderem gefragt, ob sie den Leuten wahrgesagt habe sowie, ob sie Frauen zur Schwangerschaft verholfen oder Abtreibungen durchgeführt habe. Die Siechenmeisterin verneinte. Auch die Briefe, die zwischen dem damaligen Pfleger Georg Christoph Pfliegl und dem Hofrat in Salzburg verschickt wurden, sind erhalten. Im Dezember 1642 erging schließlich die Anweisung, die 70-Jährige freizulassen. Man habe ihr keine Hexereien nachweisen können. Wie das Leben der Anna Christophin danach verlaufen ist, kann nicht eruiert werden. Doch weiß man, dass sie acht Jahre später, im Jahr 1650, erneut vor Gericht stand. Damals ging es um ein „Dirndl", das sie bei sich aufgenommen hatte und das wegen unzüchtigen Verhaltens im Ort auffiel.

Erst im Jahr 1790 ließ der damalige Erzbischof Hieronymus Colloredo das Pfleggericht in Moosham auflösen. 1886 kaufte der Forscher und Kunstmäzen Graf Johann Nepomuk Wilczek das Schloss einem Bauern ab, der es in der Zwischenzeit bewirtschaftet hatte. Der Graf renovierte das Anwesen umfassend und füllte es mit Kunstschätzen. Im Sommer nutzte er die Residenz auch als Rückzugsort für sich und seine Geliebte, Katharina Schratt. „Briefe sind aufgetaucht, die beweisen, dass mein Vorfahre zeitgleich mit Kaiser Franz Joseph I. eine Liaison mit Frau Schratt hatte", erzählt Theresita Wilczek. Das Anwesen ist bis heute in Familienbesitz. Reich werde man mit dem Schloss allerdings nicht – es gebe stets Baustellen und viel zu tun. Und der eine oder andere Spuk gehöre für die Familie dazu. Bei Führungen weist Wilczek aber vermehrt auch auf die positiven Seiten hin: „Es sind nicht nur schreckliche Dinge auf Schloss Moosham passiert. Viele Menschen haben hier gelebt, Feste gefeiert und auch schöne Zeiten verbracht."

3

Als der Teufel das Land heimsuchte

Jakob Koller und die „Zauberbubenprozesse“

Wo versteckte sich Jakob Koller? Bis heute sucht man eine Antwort. Sein Mythos reicht bis in den Lungau, wo noch immer die Mauern des Galgens zu sehen sind.

Rotes Haar soll er gehabt haben. So beschrieb ein Bursch unter Folter seinen Anführer Jakob Koller, den berüchtigten Zauberer Jackl. Laut einer zweiten Aussage wiederum waren seine Haare glatt und schwarz. Als man 1675 Jackls Mutter festnahm und sie nach dem Erscheinungsbild ihres Sohnes Jakob fragte, gab auch sie ein anderes Aussehen zu Protokoll. Ein weiterer Augenzeuge will das Haar von Jakob Koller als licht, lang und glatt wahrgenommen haben.

Jakob Koller hieß streng genommen Jakob Tischler. Zu dieser Zeit erhielten Kinder die Nachnamen ihrer Väter, egal ob die Eltern verheiratet waren oder nicht. In den meisten Überlieferungen wird Jakob jedoch mit dem Namen seiner Mutter in Verbindung gebracht – oder auch als „Zauberer Jackl" bezeichnet. Bis heute weiß niemand, wie Jakob Koller tatsächlich aussah. Unklar bleibt auch, wohin er 1679 plötzlich verschwand. Und ja, auch gerade deswegen wird die Geschichte des vermeintlichen Zauberers in Liedern, Gedichten, Theaterstücken und Filmen immer wieder nacherzählt.

Eines ist zumindest anhand von Verhörprotokollen und Gerichtsaufzeichnungen belegt: Zwischen 1677 und 1679 fand die größte Hexenverfolgung in der österreichischen Geschichte statt. Sie gipfelte in einem der größten und blutigsten Hexenprozesse in Europa – und das alles geschah auf Salzburger Boden. In dieser Zeit wurden 200 Menschen festgenommen, oft stundenlang gefoltert und verhört. 138 Personen wurden hingerichtet, fünf starben während der Prozesse. Ein Großteil war jünger als 21 Jahre, 56 von ihnen zwischen neun und 16 Jahren alt. Die meisten fanden den Tod an der Richtstätte am Waagplatz in der Stadt Salzburg.

Einige wenige vermeintliche Hexen und Zauberer verbrannten 120 Kilometer weiter südlich auf dem Scheiterhaufen. Dort, auf dem

Hinweistafel am Richtstättenweg Passeggen.

Passeggen, einem kleinen Hügel entlang der heutigen B95 zwischen Mauterndorf und Tamsweg – auf dem Gemeindegebiet von Sankt Andrä –, steht rund 340 Jahre später der ehemalige Lungauer Geschichtslehrer Peter Klammer inmitten eines ehemaligen Hexenrings. Noch deutlich ist zu erkennen, wo vor mehr als drei Jahrhunderten ein ringförmiger Graben geschaufelt wurde. „Bis hierher durfte die Bevölkerung an die Richtstätte kommen. Der Graben war die Grenze", erklärt Klammer. In dessen Mitte wurde damals das Holz zu einem meterhohen Scheiterhaufen gestapelt.

„Von dem ehemaligen Hexenring führt ein Weg durch den lichten Nadelwald in Richtung Süden. Nur wenige Minuten sind es bis zur nächsten Richtstätte: dem Ort, an dem im 17. Jahrhundert ein Galgen stand. Deutlich sind unter einer Schicht Moos die Reste einer Steinmauer – Teil der ehemaligen Richtstätte – zu erkennen. Den Wald um die beiden Schauplätze herum gab es damals dort so noch nicht", berichtet der Historiker. „Die Orte waren sogar aus der Richtung Tamsweg gut einsehbar." Das sei wichtig gewesen, um Schaulustige anzuziehen und Nachahmer abzuschrecken. Hingerichtet wurden hier Dutzende angebliche Hexen und Zauberer. Sebastian Schwaiger, Sabina Tafernerin, Rosina Khäzstallerin: Das sind nur drei von rund 40 Namen, die auf einer Schautafel entlang des „Richtstättenwegs" am Passeggen aufgelistet sind.

Die Hinrichtungen dieser vermeintlichen Hexen und Zauberer im Lungau waren die „Nachwehen der großen Zauberbubenprozesse in Salzburg", sagt Gerhard Ammerer. Der emeritierte Professor für historische Kriminalforschung an der Universität Salzburg hat sich die Protokolle und Unterlagen der Pfleggerichte in Salzburg angesehen. „Die verhafteten Jungen gaben im Verhör an, Jakob Koller zu kennen", schildert der Historiker. Sie sollen sogar damit geprahlt haben und berichteten von seinen vermeintlichen Zauberkräften. Der damals schon berühmt-berüchtigte Jakob Koller könne fliegen, hieß es. Auch habe er die Fähigkeit besessen, sich unsichtbar zu machen, sagten die Jugendlichen aus. Warum taten sie das und besiegelten damit ihren sicheren Tod? Vor allem hätten sie in ihrer kindlichen Naivität gehofft, der Folter somit zu entkommen, meint Ammerer. Ein Irrglaube.

Koller war für viele der verhafteten Straßenkinder und Obdachlosen ein Vorbild. Wer war dieser sagenumwobene junge Lungauer, dessen Handeln zum Tod von 138 Menschen beitrug? „Jakob Koller war einer der Buben, die damals heimatlos waren“, erklärt Gerhard Ammerer. Nach dem Tod des Vaters, eines Abdeckers, zog er mit seiner Mutter Barbara durch das Land. Die beiden überlebten, indem sie bettelten und das Geld aus Opferstöcken stahlen. Im Jahr 1675 erwischte man die Mutter, sie wurde verhaftet. Ihr Sohn konnte entkommen. Nun geschah etwas „Merkwürdiges“: Barbara Koller behauptete während des Verhörs, zaubern zu können. Schließlich wurde sie wegen Hexerei hingerichtet. Ihr Sohn, damals etwa 20 Jahre alt, schaffte es indessen rasch, eine große Zahl an obdachlosen Jugendlichen um sich zu scharen. Gemeinsam zogen sie von Dorf zu Dorf, von Bauernhof zu Bauernhof. Sie bauten sich den Ruf einer kriminellen Bande auf, deren Anführer vom Teufel besessen sei. „Die Obrigkeit war der Ansicht, dass der Zauberer Jackl der Teufel in Person ist“, unterstreicht Ammerer. Zwei Jahre mussten vergehen, über hundert Menschen gehängt, geköpft und verbrannt werden, bis der Spuk vorbei war. „Die hohen Kosten der Hinrichtungen und auch die landesfürstliche Kritik beendeten die Prozesse“. Jakob Koller jedoch wurde nicht gefasst. Er verschwand und wurde nie mehr gesehen – zumindest nicht von der Obrigkeit.

4

„Hexenloch“ und diskrete Zirkel

Die Freimaurer in Salzburg

Vom „Hexenloch“ bis zum Zirkelwirt – in der Stadt Salzburg gibt es zahlreiche Zeugnisse der Freimaurer. Auch Wolfgang Amadeus Mozart war Teil des Geheimbundes.

Verschlungene Wege, versteckte Höhlen und Feuersalamander, die zwischen dem Herbstlaub hervorkriechen – der Aigner Park in der Stadt Salzburg ist bis heute ein Erholungsort mit geheimnisvoller Atmosphäre. Um diesen ranken sich Mythen, so etwa um das „Hexenloch“, wie die Untere Grotte genannt wird. Es handelt sich dabei um eine kleine Höhle, durch die der Felberbach fließt. Jedoch ist der Begriff umstritten. Der Biologe und Kenner der Salzburger Stadtgeschichte Reinhard Medicus bezeichnet ihn gar als „widersinnig“: „Die Bezeichnung ‚Hexenloch‘ existiert erst seit dem frühen 20. Jahrhundert. Dabei waren die Grotten im Aigner Park als Gegenpol zum Barock und der Zeit vor der Aufklärung mit ihrem Hexenwahn geschaffen worden. Somit widerspricht der Begriff dem Grundgedanken des Parks.“

Der Aigner Park ist mit seiner Heilquelle bereits im Spätmittelalter belegt. Um 1780 entstand in der Zeit der Aufklärung der englische Landschaftsgarten mit Brücken, Wasserfällen, Grotten und Altären, der unter dem Domherrn Ernst Fürst Schwarzenberg ab 1804 weiter ausgebaut wurde. Der Park ist Medicus zufolge in seinem Wesen noch gut erhalten, weshalb er seit 1962 unter Denkmal- und seit 1980 auch unter Naturschutz steht.

Wenngleich es keine Belege dafür gibt, dass einst sogenannte Hexen dort wirkten, so ist jedoch gesichert, dass sich Illuminaten in den Grotten im Aigner Park getroffen haben, um dort ihre Riten zu vollziehen. „Nachdem die Illuminaten, eine radikale aufklärerische Bewegung in Abgrenzung zu den Freimaurern, in Bayern verboten worden waren, flüchteten einige von ihnen nach Salzburg“, schildert Medicus. Ein bekannter Illuminat war Hofrat Joseph Ernst Gilowsky

Die auch als „Hexenloch“ bezeichnete Untere Grotte im Aigner Park.

von Urasowa, nach dem die Obere Grotte als „Gilowskyhöhle" benannt wurde. Erzbischof Hieronymus Graf Colloredo hat als aufgeklärter Herrscher Illuminaten wie Freimaurer in Salzburg stillschweigend geduldet.

Der Geheimbund der modernen Freimaurer wurde 1717 in England gegründet. Zu seinen Grundsätzen zählen Freiheit, Brüderlichkeit, Gleichheit, Toleranz und Humanität. „Wenn jemand einer Loge beitritt, verpflichtet sich jeder Bruder nach diesen Grundsätzen und Werten nach bestem Wissen und Gewissen zu leben", weiß Historikerin Livia Heilingbrunner von der Universität Salzburg. Die erste Salzburger Loge ist ab 1783 unter dem Namen „Zur Fürsicht" belegt. „Bis zu diesem Zeitpunkt waren die Salzburger Freimaurer in Münchner Logen eingegliedert. Diese Verbindung riss aber auch nach der Gründung der ersten Salzburger Freimaurerloge nicht ab und das freimaurerische Geschehen war noch später vom altbayerischen Logenwesen geprägt."

Ein Spaziergang durch die Salzburger Altstadt offenbart zahlreiche Zeugnisse des Geheimbundes, wie Heilingbrunner schildert: „Die Ursprünge gehen auf Handwerker im Mittelalter zurück, die sich in sogenannten Bauhütten zusammenschlossen und später auch Wissen abseits des Bauwesens teilten." Daher ist es nicht überraschend, dass die Grabplatte des Salzburger Maurers und Steinmetzen Sebastian Stumpfegger (1670–1749) am Friedhof von St. Peter Symbole der Freimaurerei zieren, noch bevor es den Bund in Salzburg überhaupt gegeben hat: Zirkel, Winkelmaß, Hammer und Kelle sowie das allsehende Auge. Es ist zudem jenes Grab, das mit den sieben Kreuzen Stoff für eine grausame Sage liefert. Diese erzählt davon, dass Stumpfegger seine vier Ehefrauen zu Tode gekitzelt hätte. Sieben Kreuze und vier tote Ehefrauen – auch hier manifestiert sich die Symbolik der Freimaurer. Denn für den Bund spielen vor allem die Zahlen Drei, Vier und Sieben seit jeher eine bedeutende Rolle. Tatsächlich gibt es keinen Beleg für einen Mord an den Frauen.

Am Papagenoplatz verbinden sich indes gleich mehrere Symbole der Freimaurerei: So befindet sich dort der Zirkelwirt, der angeblich Treffpunkt des Männerbundes gewesen sein soll. Und in der Mitte des Platzes thront der namensgebende Vogelfänger aus der *Zauberflöte* von Wolfgang Amadeus Mozart. Letzterer selbst war im Jahr

1784 in die Wiener Loge „Zur Wohltätigkeit" aufgenommen worden. Er war ein aktives Mitglied und führte auch seinen Vater Leopold in die Gruppe ein. Die Oper, die 1791 uraufgeführt wurde, gilt als das „freimaurerischste" Werk des Komponisten. So schreibt der Kulturhistoriker und Musikwissenschafter Manfred Wagner, dass in der *Zauberflöte* vieles auf die Zahl Drei und deren Mystik ausgerichtet sei: die drei Damen, die drei Sklaven, die drei Knaben. Auch der verwunschene Wald, die Zauberwelten, die vier Elemente – Feuer, Wasser, Erde, Luft – und die Reise durch die eigenen Ängste sollen auf eine inhaltliche Ausrichtung der Oper auf die Freimaurerei hindeuten. Es gab gar das Gerücht, Mozart sei vergiftet worden, weil er zu viele Geheimnisse der Freimaurer in der Oper preisgegeben hatte. Dafür gibt es jedoch keinerlei Belege. Außerdem kursiert die Geschichte, der Aigner Park habe den Librettisten der Oper, Emanuel Schikaneder, zum Bühnenbild inspiriert. Eine Skizze dazu soll den Felberbach, die Wasserfälle und Grotten in Aigen abbilden. Wie Reinhard Medicus schildert, soll angeblich ein Nachbau der Unteren Grotte beim Cobenzl in Wien errichtet worden sein, wodurch Schikaneder die Inspiration für die Uraufführung erhalten haben könnte.

Viele Gerüchte, Geschichten und Mythen also, die sich um den Geheimbund gebildet haben. Und doch findet sich daneben auch Konkretes: In Österreich zählt man derzeit rund 4 000 Mitglieder in 77 Freimaurerlogen. Auch Frauen sind in gemischten Logen zugelassen. Livia Heilingbrunner beschreibt die heutige Dimension des Bundes folgendermaßen: „Die Freimaurer sind wohl die sogenannte Geheimgesellschaft, die bis heute Stoff für wilde Spekulationen und Verschwörungstheorien liefert. Viele Mitglieder treten aber mittlerweile sehr öffentlich auf, die Logen präsentieren sich im Internet. Da stellt sich die Frage, wie geheim dieser Bund überhaupt noch ist."

5

Wie ein Mythos entstand

Der sagenumwobene Untersberg

Um kaum einen anderen Berg ranken sich so viele Geschichten wie um den Untersberg. Der Gebirgsstock ist weit über die Grenzen Salzburgs hinaus bekannt. Doch warum ist das so?

Vor mehreren hundert Jahren hauste der Riese Abfalter am Untersberg. Um sich die Zeit zu vertreiben, warf er Felsen vom Berg hinab. Die Hügel in Maxglan, Wals und Liefering rühren von diesen Steinen her. So wird es zumindest in einer der vielen Sagen um den Untersberg erzählt. Jedes Jahr im Advent zieht der Riese Abfalter erneut durch die Dörfer. Denn er ist eine der zwölf Figuren im Rahmen der traditionellen „Wilden Jagd vom Untersberg". „Der Perchtenlauf findet immer am zweiten Donnerstag im Advent statt", erläutert Werner Schumacher von der Brauchtumsgruppe Jung Alpenland. Der Verein organisiert die „Wilde Jagd". Wo genau die maskierten Figuren auftauchen, versucht man bis zuletzt geheim zu halten. Eines ist aber sicher: „Die Wilde Jagd findet im Weichbild des Untersbergs statt, also in dem Teil des Salzburger Beckens, der vom Gipfel des Salzburger Hochthrons zu sehen ist."

Die Geschichte des Riesen ist nicht die einzige über den Untersberg. Über kaum einen anderen Berg werden noch heute derart viele Mythen verbreitet. Spuren der Tempelritter sollen dort zu finden sein. Adolf Hitler und sogar der Dalai Lama hätten die Bedeutung des Gebirgsstocks erkannt. „Im Internet kursieren die wildesten Erzählungen über den Berg", sagt der Bad Reichenhaller Historiker Johannes Lang. Einige Sagen haben Einzug in das Brauchtum gehalten, andere wiederum – und das sei das Gefährliche – dienen bis heute als Basis für verschiedene Verschwörungstheorien.

Wie sind diese Sagen entstanden? Und warum ranken sie sich gerade um den Untersberg? Der Stadtarchivar von Bad Reichenhall hat sich in den vergangenen Jahren auf die Suche nach dem geschichtlichen Ursprung gemacht. „Als ich mir die Berichte über den

Der geheimnisvolle Untersberg – das nördlichste Massiv der Berchtesgadener Alpen.

Untersberg angesehen habe, habe ich rasch herausgefunden, dass die vielen Sagensammler eigentlich immer nur voneinander abgeschrieben haben." Der Historiker sitzt in seinem Büro in Bad Reichenhall, am Fuße jenes Berges, mit dem er sich bereits jahrelang beschäftigt – und den er seinen Lieblingsberg nennt. Der Untersberg sei allein aufgrund seiner Topografie außergewöhnlich. „Er ragt wie ein erratischer Block in das flache Land heraus. Wenn der Untersberg mitten im Alpenraum wäre, dann wäre das etwas komplett anderes." Bereits die Reiseschriftsteller der Romantik hätten den Berg als den „Hohen Dom von Salzburg" bezeichnet, berichtet Lang. „Ich kann nicht verhehlen, dass ich zu Beginn meiner Forschung auch von dem mystischen Gehalt begeistert war, der mit der Geschichte des Untersberges verbunden ist." Dieses Gefühl habe sich jedoch gelegt – je länger er sich mit diesem Thema auseinandergesetzt hat.

Die Mythen um den Berg gehen laut Lang auf eine einzelne Erzählung zurück: die Lazarus-Geschichte. Sie handelt vom Bad Reichenhaller Stadtschreibergehilfen Lazarus Gitschner. Dieser brach demzufolge eines Tages mit einer Gruppe von Reichenhallerinnen und Reichenhallern zum Untersberg auf. Dort fand die kleine Gesellschaft eine Inschrift. Die Gruppe kehrte ins Tal zurück, Gitschner wurde jedoch später noch einmal auf den Berg geschickt, um die Schrift am Fels zu dokumentieren. Von dieser Tour kehrte der Stadtschreibergehilfe jedoch nicht wie geplant zurück. Unterwegs auf dem Untersberg traf er auf einen barfüßigen Mönch, der ihn in das Innere des Gebirgsstocks geleitete. Lazarus Gitschner soll sieben Tage lang im Untersberg verbracht haben und dort auf bereits verstorbene Herrscher seiner Zeit getroffen sein – darunter auch Kaiser Karl V. Zurück im Tal berichtete Gitschner von seinen Erlebnissen und den Prophezeiungen, die ihm der barfüßige Mönch mitgegeben hatte. Der Mythos Untersberg war geboren. Mitte des 16. Jahrhunderts veröffentlicht, ist der Autor dieser Geschichte bis heute unbekannt. Doch Johannes Lang hat eine Vermutung: „Der Verfasser hat eine sehr gute Ortskenntnis. Der Mann kennt Dinge, von denen man außerhalb von Reichenhall wohl nichts wusste." Demzufolge müsste der Autor der Lazarus-Geschichte aus der Gegend um Bad Reichenhall kommen. „Zweitens beschreibt der Verfasser sehr genau die Tagzeitenliturgie, der sich der Stadtschreibergehilfe Lazarus Gitschner mit den Mönchen im Berg anschloss. Davon kann man als Laie nicht wissen. Der Autor muss also aus dem monastischen Bereich sein." Im Rahmen des Möglichen ist, dass der Mann aus dem Augustiner Chorherrenstift St. Zeno stammte. Dieses befand sich bis 1803 im heutigen Stadtgebiet von Bad Reichenhall.

Die Lazarus-Geschichte sei gute zwei Jahrhunderte lang mittels Abschriften vor allem in der Bevölkerung kursiert und habe auf diese Weise eine sogenannte Folklorisierung erfahren, berichtet der Historiker. Dadurch seien komplexen Inhalte der Geschichte vereinfacht worden. „So wurde beispielsweise aus Kaiser Karl V. der viel bekanntere Karl der Große." Durch eine in Brixen veröffentlichte Broschüre 1782 erfolgte erstmals eine allgemeine Verschriftlichung, die den Gebrüdern Grimm 1816 bei ihren *Deutschen Sagen* zur Verfügung stand. „Erst damit wurde die Untersbergsage zu einer Art von nationalem Heiligtum erhoben."

Das Besondere am Untersberg ist laut Lang jedoch auch, dass all diese Sagen um den Berg inhaltlich noch nicht abgeschlossen sind. „Fast täglich wird Neues dazuerfunden. Das hebt den Untersberg von anderen Bergen ab." Gerade digitale Medien haben einen großen Anteil daran, meint der Historiker: „Man muss sich nur ansehen, welche Fülle an Publikationen in den vergangenen 20 Jahren über den Untersberg erschienen ist. Wir leben in einer Zeit, in der Wissenschaftlichkeit oft durch Glaubensfragen abgelöst wird."

Verbrechen, Strafe und Tod

6

Rätsel um geköpfte Römer

Auf den Spuren der Gräber in Lauriacum

Wie starben die Römer? Ein Team aus Forscherinnen und Forschern machte sich auf Spurensuche – und entdeckte Erstaunliches.

Lisa Huber ist Spezialistin für Tote – im archäologischen Sinn. Deshalb beschäftigt sie sich beruflich mit Friedhöfen, genauer: römischen Gräberfeldern. „Gräber sind eine unglaubliche archäologische Quelle", sagt Huber. Gemeinsam mit Felix Lang, der ebenfalls wissenschaftlicher Mitarbeiter am Fachbereich Altertumswissenschaften an der Universität Salzburg ist, forscht die Archäologin derzeit an einer besonders umfangreichen Quelle: den Gräbern des römischen Legionsstützpunktes. Deswegen stehen im Büro der beiden derzeit Dutzende Kisten aus Karton. Darin befinden sich die Überreste von Grabbeigaben, fein säuberlich in beschriftete Plastiksäckchen verpackt.

Lauriacum – diese Stadt gibt es heute freilich so nicht mehr. Heute liegt an jenem strategisch gut gelegenen Ort an der Kreuzung von mehreren Handelsrouten die Stadt Enns in Oberösterreich. Und dort, wo die Einwohnerinnen und Einwohner ab 170 nach Christus ihre Toten beerdigten, stehen heute Wohnhäuser und verlaufen Straßen.

Die ersten Ausgrabungen gab es in Enns bereits vor 100 Jahren. Elf große Gräberfelder wurden entdeckt. Nur über zwei davon seien bisher umfangreiche wissenschaftliche Publikationen erschienen, sagt Archäologin Lisa Huber. Zwei weitere Gräberfelder untersuchen die Salzburger Wissenschafterinnen und Wissenschafter gemeinsam mit internationalen Kolleginnen und Kollegen derzeit im Rahmen eines Forschungsprojekts. Dort handelt es sich um etwa 200 Tote.

Das meiste über das Leben in Lauriacum ist nach wie vor unbekannt. Dabei handelte es sich um einen der wichtigsten Militärstützpunkte der Römer innerhalb der Provinz Noricum. 5 000 bis 6 000 Soldaten waren dort an der Grenze, dem mittleren Teil des Donaulimes,

Ausschnitt aus einem römischen Gräberfeld, untersucht von Salzburger Archäologinnen und Archäologen.

stationiert, sagt Felix Lang. Die Männer lebten dort aber nicht allein, sondern kamen mit ihren Familien. Lauriacum war eine Stadt mit 20 000 Einwohnerinnen und Einwohnern – inklusive Handwerkern, Bäckern und auch Friedhöfen. Zum Vergleich: In Enns leben heute etwa 12 000 Menschen.

Der Frage nach dem Leben der Römer nähert man sich aus archäologischer Sicht über die Toten. „Das ist das Spannende daran", erklärt Lisa Huber. Aber weil die Archäologie auch irgendwann an ihre Grenzen stößt, arbeiten sie und Felix Lang mit Kolleginnen und Kollegen aus ganz verschiedenen Fachbereichen zusammen. Welche Toten waren untereinander verwandt? Was sind Familiengräber und um welche biologischen Geschlechter handelt es sich? Grabbeigaben geben hier zwar bereits erste Hinweise. Wirklich sicher kann man sich jedoch erst nach einer DNA-Analyse sein. Diese nimmt Jan Cemper-Kiesslich von der Salzburger Gerichtsmedizin vor. Für die Analyse mahlt der Molekularbiologe und Bioarchäologe die Knochen zu Pulver. Daraus wird die DNA extrahiert. „An sich kann man aber im Nachhinein nur das feststellen, was sich in Form von DNA manifestiert hat", erklärt Cemper-Kiesslich. „Das sind zum Beispiel die biologische Verwandtschaft oder Geschlechts- und Infektionskrankheiten. Besonders interessant wird es dann, wenn die soziale nicht zur biologischen Geschlechtsansprache passt", fügt er hinzu. Das heißt: Nur wenn ein Spiegel mit im Grab liegt, muss die tote Person keine Frau sein.

Die Toten von Lauriacum geben auch Hinweise auf die dortigen klimatischen Bedingungen in der römischen Kaiserzeit. „Ein hoher Prozentsatz litt unter einer chronischen Stirn- und Nebenhöhleninfektion. Das deutet auf nasskaltes Wetter, aber auch eine hohe Rauchentwicklung hin", unterstreicht Archäologe Lang. Die Lebenserwartung lag bei 40 bis 50 Jahren. Die Zahnhygiene war schlecht. „Spannend ist für uns zu eruieren, ob sich diese Merkmale auch bei der Untersuchung weiterer Gräberfelder zeigen. Vor allem in jenen Gräbern der Reicheren, die sich mehr Fleisch leisten konnten." Nicht alle Römerinnen und Römer in Lauriacum seien sorgsam bestattet worden, berichtet Lisa Huber: „Einige wurden scheinbar einfach in die Grube geworfen. Manche lagen nebeneinander, andere aufeinander." Auch enthauptete Römer befinden sich in den Gräbern. Sie wurden möglicherweise hingerichtet. „Das ist die eine Hypothese. Wenn das stimmt, dann stellt sich die Frage, ob das Einheimische oder vielleicht Germanen waren", ergänzt wiederum Kollege Lang. Exekution durch das Schwert sei bei den Römern eine gängige Praxis der Bestrafung von schweren Straftätern gewesen. Interessant ist, dass sich die Enthaupteten in den Gräberfeldern der „normalen" Toten befinden. Deshalb könnte gleichsam Aberglaube im Spiel gewesen sein, unterstreicht Lang: „Auch in der römischen Zeit war es ein weitverbreiteter Glaube, dass die Toten wiederkehren können. Da hat man natürlich Vorsichtsmaßnahmen getroffen." Sie könnten demnach auch post mortem geköpft worden sein. Kämpfe um den Legionsstützpunkt mögen ebenso einen Erklärungsansatz bieten.

Erst ab dem vierten Jahrhundert bevorzugten die meisten Römerinnen und Römer nach dem Tod nicht mehr verbrannt zu werden. „Es vollzog sich damals ein sukzessiver Wechsel hin zur Körperbestattung", erklärt Huber. Warum das so war, kann nur spekuliert werden. Ein möglicher Grund wird im Aufkommen des Christentums gesehen. „Doch es dürfte wesentlich komplexer sein", sagt die Archäologin. Wahrscheinlich ist, dass der Wandel mit einer Veränderung der damaligen Wertvorstellungen und sozialen Strukturen einherging.

Dieser Wandel ist aber für die Arbeit der Wissenschafterinnen und Wissenschafter heute ein Glücksfall. Auch wenn sich selbst aus Asche und Leichenbrand einiges ablesen lasse: „Bei Römergräbern in Salzburg haben wir schon festgestellt, dass nicht der gesamte Leichenbrand bestattet wurde, sondern etwa nur eine Handvoll. Es reichte scheinbar bereits eine symbolische Menge", sagt Huber. Eine der Ausgrabungen in Salzburg fand mitten in der Stadt statt: Im Zuge der Umgestaltung des Residenzplatzes stießen die Forschenden auf den einstigen Domfriedhof – auf Skelette aus christlichen Gräbern, die anschließend auf dem Kommunalfriedhof wiederbestattet wurden. Außerdem fand man dort Keramiken, Fibeln, Gürtelbeschläge und auch Münzen aus der Römerzeit.

In den Urnen, die in Lauriacum bestattet wurden, finden sich zudem menschliche Überreste von allen Körperpartien. „Was mit dem Rest des Leichenbrands gemacht wurde, wissen wir nicht."

7

Leichen im Keller der Universität

Warum zwölf Salzburger Professoren im Sitzen bestattet wurden

Unter der Hauskapelle der Universität Salzburg sitzen Professoren bis in die Ewigkeit. Im 17. Jahrhundert war das eine gefragte Form der Bestattung.

Wenn man in größeren Städten Kirchen betritt, haben sie fast alle eines gemeinsam: Der Straßenlärm, der gerade noch als ständiges Hintergrundrauschen zu vernehmen war, verstummt. Die dicken Mauern der Sakralgebäude scheinen jedes Geräusch abzuschirmen, während die Besucherinnen und Besucher kurzzeitig in die Vergangenheit geschickt werden. Nicht anders ist das beim Betreten des Sacellum der Universität Salzburg. Das Dröhnen der Autos, die sich durch das Neutor und weiter durch die Altstadt schieben, scheint plötzlich nicht mehr vorhanden.

Im Unterschied zu den meisten Kirchen und Kapellen in Salzburg ist die Hauskapelle der Universität von außen nicht so leicht zu erkennen und nur zu bestimmten Anlässen zu besichtigen. Weiß man jedoch, wonach man sucht, fallt das kleine Türmchen auf dem Dach des Gebäudes in der Hofstallgasse auf, in dem auch die Hauptbibliothek untergebracht ist. Das, was diese Kapelle jedoch zu etwas Besonderem im europäischen Raum macht, sind nicht nur die kunsthistorischen Schätze, die sich darin befinden.

Vielmehr ist es das, was sich unter dem Fußboden der Kapelle befindet, weiß Christoph Brandhuber, der Leiter des Universitätsarchivs: „Vor der Kommunionbank des Sacellum befindet sich ein steinerner Gruftdeckel." Ein Kran ist nötig, um diesen zu heben. Unter dem Deckel befindet sich eine Krypta. Nur über eine Leiter gelangt man den 50 Zentimeter breiten Schacht hinab. Unten angekommen, erstreckt sich ein Gang mit Kammern zu beiden Seiten. „Die Nischen sind mit kleinen Täfelchen bezeichnet." Denn hinter ihnen befinden sich die Gräber von zwölf ehemaligen Professoren der Universität.

Ab 1664 wurden sie dort auf gemauerten Bänken im Sitzen mit Blick in Richtung Hochaltar bestattet – ihre Körper von Holzlatten

Blick in das Sacellum – Hauskapelle der Alten Universität in der Salzburger Altstadt.

und -pflöcken gestützt. „Die Sitzbänke symbolisieren den Lehrstuhl, denn damals hielten Professoren ihren Unterricht von Lehrkanzeln aus. Diese wurden hier nachgestellt.“ Betritt man die Gruft, riecht es modrig und feucht, berichtet der Universitätsarchivar. Das Klima in der Gruft wirkte sich freilich auf die Verwesung der Leichen aus, den Brandhuber als „sehr, sehr fortgeschritten“ bezeichnet. „Die Skelette waren zusammengefallen. Die Köpfe lagen teilweise unten bei den Füßen. Auch die Kleidung war verwest.“ Der Historiker erforschte 2013 als Teil eines Teams die Sitzgruft unter dem Sacellum. Es war das erste und bislang auch einzige Mal, dass diese für wissenschaftliche Zwecke geöffnet wurde.

Besonders die Inschriften vor den Grabkammern interessieren Brandhuber. Auch wenn diese über die Jahrhunderte stark verwitterten, gelang es dem Historiker fast alle zu entziffern. „Die Namen konnten wir alle dokumentieren, die Inschriften darunter etwa zu 90 Prozent.“ Erst zu diesem Zeitpunkt gelang den Forscherinnen und Forschern der Nachweis, dass sich unter der Universität tatsächlich eine Sitzgruft befindet – zuvor gab es zwar Vermutungen, jedoch keine wissenschaftliche Dokumentation.

Für geistliche und weltliche Professoren war es eine Ehre, einen Sitzplatz in der Gruft zu erhalten. Um dort bestattet zu werden, mussten diese ein gewisses Renommee genießen. Einer von ihnen war Pater Otto Aicher. „Er ist sicher einer der Bedeutendsten, der dort ein Sitzgrab erhielt.“ Nachdem Brandhuber den Namen vor einer Grabkammer entziffern konnte, versuchte er dessen Leben zu rekonstruieren. Pater Otto Aicher wirkte etwa ein halbes Jahrhundert am Gymnasium und an der Universität Salzburg – auf den unterschiedlichsten Lehrstühlen. Außerdem engagierte er sich für das Theater. „Die Recherche nach den Biografien der bestatteten Professoren war wie eine detektivische Spurensuche.“ So fand der Historiker auch heraus, dass Aicher vermutlich ein uneheliches Kind gewesen sein musste. Bestattet wurde der Pater im Jahr 1705. Die Nische, in der er von Wissenschafterinnen und Wissenschaftern unter dem Sacellum gefunden wurde, ist mit der Nummer 10 versehen.

Neben der repräsentativen Sitzgruft befindet sich im Sacellum zudem ein einfaches Erdgrab. Auch dieses wurde eingehend untersucht.

Hier ruht beispielsweise der Universitätspedell Wolfgang Braumiller. „Er war ein hochgelobter Schauspielstar und trat 1632 in einem Theaterstück mit dem Namen Anastasius auf. Und das ist wiederum der Jedermann-Stoff." Braumiller sei demnach der erste namentlich bekannte Salzburger Jedermann gewesen, sagt Brandhuber.

Die letzte Beisetzung in der Sitzgruft erfolgte 1722. Danach wich man auf die geräumigere Kolumbariengruft unter der Universitätskirche aus. Die Sitzgruft unter dem Sacellum ist seit ihrer wissenschaftlichen Untersuchung geschlossen. Die Katholische Hochschulgemeinde nutzt aber die Kapelle, die als „Wiege" der Universität Salzburg bezeichnet wird, auch heute noch für Gottesdienste – und in Zukunft sollen zudem weitere Veranstaltungen dort stattfinden.

8

Wer hat Angst vorm bösen Wolf?

Wolfsprozesse im Lungau

Einst versetzten Werwölfe die Salzburgerinnen und Salzburger in Angst und Schrecken. Im Lungau wurde bettelnden Menschen vorgeworfen, dass sie sich in blutrünstige Tiere verwandeln könnten.

Rupert Gell aus Mariapfarr nahm die schwarze Salbe und verteilte sie auf den nackten Körpern der jüngeren Bettler. Daraufhin verwandelten sich diese in blutrünstige Wölfe. Schafe, Ziegen, Kühe, Wild: Sie alle wurden Opfer der Raubtiere. Um sich wieder in Menschen zurückzuverwandeln, wuschen sie sich die schwarze Salbe mit warmem Wasser ab. So schilderte es ein junger Bettler einst beim Verhör, wie aus Protokollen des Pfleggerichts Moosham aus dem Jahr 1717 zu entnehmen ist. Denn auch wenn die Hysterie um vereinzelte Wölfe heutzutage bereits zu Absurdität neigende Blüten treibt, kann dies nicht mit der Angst vor dem Raubtier vor etwa 300 Jahren verglichen werden. Damals war die Situation eine andere: Der Wolf war in Österreich bis ins 19. Jahrhundert heimisch. Bäuerinnen und Bauern fürchteten ununterbrochen um ihre Tiere. Viehwirtschaft spielte zu Beginn des 18. Jahrhunderts vor allem in den Gebirgsgauen eine zentrale Rolle, weiß Martin Scheutz, Historiker an der Universität Wien. Damals zogen auch stetig Bettlerinnen und Bettler durch das Land. Selten allein, sondern zumeist in Kleingruppen nahmen sie oft weite Strecken in Kauf und klopften an die Türen der Bergbauernhöfe. Dringlich, ja sogar teils aggressiv sollen einige Geld und Essen verlangt haben. Sie pochten laut dem Historiker auf die christliche Nächstenliebe der bäuerlichen Bevölkerung. Den bettelnden Menschen jedoch die Almosen zu verwehren, galt als böses Omen.

Gerade in dieser Zeit gab es wenige rationale Erklärungsansätze für Ernteausfälle, Starkregen und auch Wolfsrisse bei gewissen Bauernhöfen – während andere wiederum von diesen Ereignissen verschont blieben. Einer der Bettler war der 48-jährige Rupert Gell. „In der Region war er unter dem Namen ‚Perger' bekannt", berichtet der

Darstellung der Gräueltaten eines Werwolfs, Lucas Cranach d. Ä., frühes 16. Jahrhundert.

Lungauer Historiker Peter Klammer. Gell war Anführer einer achtköpfigen Bettlergruppe im Jahr 1716. Sie sollen aber nie gemeinsam unterwegs gewesen sein, sondern meist nur zu dritt oder zu viert. Neben illegalen und ausländischen Bettlerinnen und Bettlern gab es im Lungau zu dieser Zeit auch etwa 200 Einheimische, die legal „sammelten". Deren Namen waren in den Bettlerlisten des Pfleggerichts verzeichnet, weiß Klammer. Viele von ihnen waren ehemalige Dienstboten. In den Gerichtsakten heißt es, dass andere wiederum „körperlich tadelhaft, einfeltig, närrisch, stumb, blindt, törisch, khrump und nichts nuz" gewesen seien.

Die Obrigkeit sah bettelnde Menschen zu Beginn des 18. Jahrhunderts immer häufiger als „Kriminelle" und „arbeitsscheu". Das teilweise aggressive Auftreten zog den Zorn der Bauern auf sich, sie waren nicht mehr so bereitwillig, Almosen zu spenden, wie noch Jahrzehnte zuvor. Die Bettlerinnen und Bettler sollen deswegen Verwünschungen und Drohungen ausgesprochen haben: Den roten Hahn würden sie etwa auf die Dächer der Bauernhäuser zur Markierung setzen und damit zur Brandstiftung aufrufen, wenn sie dort kein Nachtquartier erhielten. Sie sollen auch mit einer speziellen Fähigkeit gedroht haben: Einige von ihnen behaupteten nämlich, sich in Wölfe verwandeln zu können. Würden die Bauern kein Brot herausgeben, seien somit ihre Tiere in Gefahr.

Viele Schweine, Schafe, Geißen, Kälber, Kühe, aber auch Dutzende Hirsche und anderes Wild wurden gerissen. „1716 und 1717 häuften sich die Schäden. Alle Täler und Winkel des Gerichts waren betroffen. Allein in Moosham meldeten sich vierzig Bauern", erzählt Peter Klammer. Rupert Gell („Perger") und sein Bettlerkompagnon Hans Pfändl wurden 1717 zunächst zum Tode verurteilt, später milderte Landesfürst Franz Anton von Harrach das Urteil ab. Sie mussten stattdessen Strafarbeit auf einer venezianischen Galeere leisten. Insgesamt wurden sieben Lungauer Bettler an den Gerichten in Moosham und Salzburg aufgrund des Vorwurfs der „Wolfsverwandlung" verurteilt. Einige davon starben in Haft. Die Verurteilungen erfolgten etwa 30 Jahre nach den bekannten Zauberbubenprozessen (siehe Kapitel 3) in Salzburg. Der Höhepunkt der Hexenverfolgung in Europa – Ende des 16. bis zu Beginn des 17. Jahrhunderts – lag noch weiter zurück.

Bereits in der Antike kursierte die Vorstellung, dass sich manche Menschen in Tiere verwandeln können, erklärt Martin Scheutz – es handelte sich also um kein neues Motiv. „Bei den Hexenprozessen ab dem späten Mittelalter taucht dieses Bild dann immer wieder auf.“ Betroffen war nicht nur der Lungau, der Vorwurf der Wolfsverwandlung ist im 17. und 18. Jahrhundert in vielen Regionen zu beobachten – darunter in Frankreich oder im Baltikum. Wie bei den Hexenprozessen wurde auch den „Werwölfen“ der Gebrauch schwarzer Magie nachgesagt. Dafür sollten sie im „Bund mit dem Teufel“ gestanden sein. Einige Verurteilte wurden damals nach Italien auf Galeeren geschickt – eine Möglichkeit, Gerichtsstrafen zu ökonomisieren.

Noch heute sind Werwölfe Teil von Horrorfilmen, betont Scheutz: „Dass du dich des Nachts in einen Werwolf, einen Mann-Wolf, verwandeln kannst, scheint eine Vorstellung zu sein, die unser Unterbewusstsein stark beschäftigt.“

9

Zur Geschichte der Todesstrafe

„Heute frühe hat man einen aufgehängt“

Tod durch Schwert oder Galgen – das drohte einst vielen Verurteilten in Salzburg. Ein Streifzug durch die Geschichte des Strafrechts bis zur letzten Hinrichtung im Jahr 1949.

Als Einheimische in Salzburg fährt man so oft daran vorbei, dass sie einem schon gar nicht mehr ins Auge springen: *Die drei Kreuze von Schallmoos.* Das Ensemble mit drei Gekreuzigten – in der Mitte Jesus Christus – befindet sich direkt an der Schallmooser Hauptstraße. Das Denkmal ist erstmals für das Jahr 1459 urkundlich belegt und erinnert an die älteste Richtstätte der Stadt. Dort vor dem damals bestehenden Äußeren Linzertor – auch Galgentor genannt – wurden bis ins späte 16. Jahrhundert Menschen, die zum Tode verurteilt wurden, gehängt. Die Leichen ließ man wochenlang am Galgen baumeln, bis sie verwesten. Während das Ausstellen der „toten Sünder" in anderen Städten bereits der Vergangenheit angehörte, hielt man in Salzburg bis ins 18. Jahrhundert daran fest, wie Rechtshistoriker Gerhard Ammerer schildert: „Salzburg hatte nie eine sehr fortschrittliche Gesetzgebung, der Abschreckungsgedanke war hier stark verbreitet. Man stellte den Galgen an belebten Plätzen auf mit der Botschaft: ‚Seid nicht kriminell, sonst ergeht es euch auch so.'" Mord, schwerer Raub oder Wilderei waren Delikte, die mit der Todesstrafe bedroht waren.

Erzbischof Wolf Dietrich von Raitenau war die Lage des Richtplatzes bei den Toren der Stadt jedoch ein Dorn im Auge. Besuchende haben bei ihrer Ankunft in Salzburg zuallererst die Leichen erblickt – und auch gerochen. „Zudem hat man Schallmoos als Wohngegend ins Auge gefasst. Die Gegend wurde später entsumpft", erläutert Ammerer. Während der militärische Exekutionsplatz bis ins 18. Jahrhundert in Schallmoos verblieb, ließ Wolf Dietrich den Zivilgalgen im Jahr 1599 abbrechen und nach Gneis verlegen. Das Henkerhaus in der Neukommgasse zeugt bis heute von dieser Richtstätte. Dort lebte der letzte Scharfrichter von Salzburg, Franz Joseph Wohlmuth, und

Die Kreuzigungsgruppe in Schallmoos.

führte sein Amt bis 1817 aus. Die Eigentümerfamilie hat im Sommer 2023 einen Abbruchantrag gestellt. Das Haus ist baufällig und steht nicht unter Denkmalschutz. Ein Abriss scheint daher nicht mehr abwendbar zu sein. Historikerinnen und Architekten bezeichnen dies als „schweren Verlust" einer Kulturstätte.

Die Zauberbubenprozesse (siehe dazu auch Kapitel 3) im 17. Jahrhundert, Höhepunkt der Hexenverfolgung in Salzburg, markierten eine Hochzeit der Hinrichtungen im gesamten Bundesland. Danach wurden vom Erzbischof immer mehr Todesurteile in lebenslängliche Haft umgewandelt. Aber sie wurden weiterhin vollzogen, auch zur Zeit der Aufklärung. Während das Salzburger Musikgenie Wolfgang Amadeus Mozart mit seiner Mutter durch Europa reiste und die feinsten Kompositionen vorstellte, rollten in seiner Heimat Köpfe. „Heute frühe hat man einen aufgehängt. Abends ist Komödie, morgen maskierter Ball, den der Fürst Breiner gibt. Wir küssen dich millionenmahl", schrieb Vater Leopold dem Sohn am 4. Oktober 1777 nach München. Schwester Nannerl notierte im November 1780 in ihrem Tagebuch: „Zwei arme Sünder entköpfet worden." Mit der Eingliederung Salzburgs in das Habsburgerreich griff auch hierorts das mit 1807 geltende Strafgesetz. Demzufolge mussten sämtliche fixe Richtstätten abgebrochen werden. Und nach einer Hinrichtung am Abend musste gleich der Abbau des Strafgerüsts erfolgen. Das Ausstellen der Köpfe war somit passé.

Gerhard Ammerer brachte mit Christoph Brandhuber im Jahr 2018 das Buch *Schwert und Galgen – die Todesstrafe in Salzburg* heraus. Einen Fall haben sie darin besonders ausführlich behandelt, nämlich jenen des Giftmörders Johann Oberreiter aus Werfen. Dieser wurde des Mordes an zwei seiner Töchter und an seiner Frau beschuldigt. Durch ein neues medizinisches Verfahren konnte in den Organen der Verstorbenen Arsen nachgewiesen werden. Akribisch forschten die Ermittler länger als ein Jahr und konnten den Täter letztlich überführen. Laut Ammerer war das „der Beginn der Gerichtsmedizin in Salzburg". Am 26. Juli 1865 wurde der Verurteilte am Militärexerzierplatz am Neuhauserfeld in Gnigl gehängt. Tausende Zuschauerinnen und Zuschauer wohnten dem Geschehen bei. Es war die letzte öffentliche Hinrichtung in Salzburg. Mit dem Strafgesetz von 1873 verlegte man diese in die Mauern und Höfe von Strafanstalten. Nachdem die Todesstrafe im Jahr 1919 – und damit erst nach dem Ersten Weltkrieg – abgeschafft worden war, nahm man die Hinrichtungen im Ständestaat ab 1934 wieder auf. Folglich kam es während der Zeit des Nationalsozialismus zu vielen Tötungen von Regimegegnern, Räubern und Flüchtigen.

Der Letzte, der in Salzburg hingerichtet wurde, war ein verurteilter Mörder und Sexualstraftäter. Der 28-jährige staatenlose Ukrainer wurde am 22. November 1949 im Galgenhof des Gefangenenhauses in Salzburg gehängt. Die *Salzburger Nachrichten* berichteten damals, der Ukrainer habe „keinerlei Widerstand geleistet". Sieben Monate später, im Mai 1950, wurde die Todesstrafe in Österreich im ordentlichen Strafverfahren abgeschafft, vollständig und somit auch im Militärrecht erst im Jahr 1968.

10

Goldrausch im Gasteinertal

Wie Knappen ihr Leben aufs Spiel setzten

Im Boden des Erzstifts schlummerte neben Salz weiterer Reichtum. Im 15. Jahrhundert schürften die Bergleute im Gasteinertal nach Gold.

Es ist nicht alles Gold, was glänzt. Jedes Wort auf die Goldwaage legen. Morgenstund hat Gold im Mund. Noch heute sind Sprichwörter zum Thema Gold allgegenwärtig. Sie gehen bereits auf das Mittelalter zurück. Auch in Salzburg wurde nach Gold geschürft – unter teilweise schwierigen Arbeitsbedingungen für die Bergleute. „Die Arbeiter waren wirklich um nichts zu beneiden. Die Umstände waren katastrophal", sagt der Pongauer Walter Wihart. Er ist Obmann des Vereins Via Aurea. Dieser wurde gegründet, nachdem in den 2000er-Jahren durch Zufall unter Gestrüpp und Geröll im Angertal, etwa zehn Kilometer von Bad Hofgastein entfernt, Reste eines Schmelzofens entdeckt worden waren. Eine Seltenheit in Mitteleuropa, betont Wihart: „Das ist der einzige noch erhaltene Ofen in unserer Gegend." Ende des 15. und auch noch zu Beginn des 16. Jahrhunderts schmolzen Bergleute in diesen Öfen die wertvollen Erze Silber und Gold. Sie stammten aus Stollen einige Hundert Höhenmeter über ihnen. Der Name des Bergrückens deutet noch immer auf die Geschichte des Bergbaus hin: Erzwies, also „Erzwiese".

Dort oben in den Bergen im Bereich des Silberpfennigs kämpften sich die Knappen mit Hammer und Schlägel Zentimeter für Zentimeter in den Berg vor, in der Hoffnung, auf Gold und Silber zu stoßen. Teilweise seien die Arbeiter pro Jahr gerade einmal ein bis zwei Meter in den Berg vorgedrungen. Der Platz in den engen Stollen habe nur für einen Knappen ausgereicht, sagt der Vereinsobmann. Es gab nur spärliches Licht von kleinen Öllämpchen. „Weil die Stollen so eng waren, mussten die Knappen mit dem Rücken zur Wand arbeiten." Deshalb banden sie sich Zuschnitte aus Leder um die Hüfte, um das Gesäß vor Kälte und Nässe zu schützen. „Der Schutz wurde passenderweise als ‚Arschleder' bezeichnet."

Reste eines Schmelzofens im Angertal.

Gerade im Winter waren die Gefahr und das Risko am Berg besonders hoch. Um sich vor Lawinen zu schützen, bauten die Bergleute auf der Erzwies Mauern aus Stein, deren Überreste teilweise noch heute sichtbar sind. Durch diese gemauerten Gänge konnten die Knappen von ihren Häusern zu den Stollen gelangen, auch wenn die Lawinengefahr groß war. Die Arbeitsbedingungen waren hart. Eine Arbeitswoche der Bergleute umfasste 44 bis 48 Stunden. In den meisten Stollen standen auch Nachtschichten an der Tagesordnung. Geschlafen wurde zusammengedrängt auf Pritschen. Betten habe es in den Häusern keine gegeben, berichtet der ehemalige Pongauer Schuldirektor. Dass die Verletzungsgefahr hoch war, zeige auch die sogenannte Bruderlade – ein Vorläufer der ersten Sozialversicherung. „Das war eine Art Altersfürsorge der Berg- und Hüttenwerksarbeiter sowie der Angestellten." Die Arbeiter zahlten darin einen Teil ihres Lohns ein. Sollten sie bei der Arbeit verletzt werden, wurde aus diesem Topf ein Teil der Behandlungskosten getragen.

Am Berg packten die Knappen das Erz in Säcke und banden diese aneinander. Aus 25 Säcken entstand ein „Sackzug". Ein einzelner Knappe musste mit dieser Methode bis zu drei Tonnen Erze mit einem „Zug" über oftmals vereiste Passagen ins Tal bringen. Auch deshalb war die Arbeit derart gefährlich. „Die Lebenserwartung der Knappen lag bei 38 bis 40 Jahren", berichtet Siegfried Kopp, Kustos des Talmuseums Rauris im Pinzgau. Auch er hebt vor allem die Gefahr hervor, die für die Bergarbeiter von Lawinen ausging. Im Rauriser Tal lagen die Abbaustätten teils sogar auf 3 000 Meter Höhe. „Auch auf dem Weg zu den Gebieten gibt es einige Stellen, die bergsteigerisch nicht ungefährlich sind." Walter Wihart betont jedoch auch, dass Bergarbeiter trotz der lebensbedrohlichen Arbeitsbedingungen im Vergleich zu anderen Bevölkerungsgruppen privilegiert waren: „Sie durften zum Beispiel legal Schwerter tragen." Das sei damals ein großer Vorteil gewesen, denn: „Die Waffen waren notwendig, damit sich die Knappen vor Wölfen und Bären schützen konnten."

Zurück ins Seitental von Bad Hofgastein: Die Schmelzanlage besteht dort eigentlich sogar aus drei Öfen – dem Röstofen, dem Schmelzofen und einem Treibherd. „Als Letztes kommt die zähe Masse in den Treibherd. Dieser hat es in sich, denn der Schmelzmeister musste immer darauf achten, dass er dort eine Temperatur um die 1 000 Grad hält“, erzählt Wihart. „War die Temperatur höher, ist der Deckel des Herdes geschmolzen.“ Die Anlage war von 1490 bis 1530 in Betrieb. „Das wissen wir, weil im Bach nebenan ein dazumal verwendetes Wasserrad gefunden wurde. Das Rad war verkohlt. Untersuchungen haben ergeben, dass die Anlage abgebrannt ist.“ Von den Öfen transportierten die Bergleute das Silber und Gold weiter in Richtung Bad Hofgastein – auf Wagen, die von Pferden gezogen wurden.

Nicht erst im Mittelalter wurde in Salzburg nach den wertvollen Erzen gesucht. Archäologische Funde zeigen, dass bereits die Kelten und Römer auf das Gold in den Hohen Tauern aufmerksam geworden waren.

11

Schüsse im Wald

Wie Frauen in Salzburg zu wildern begannen

Das Wildern war früher in Männerhand. Doch es gab Ausnahmen. In Unken im Pinzgau erzählt man sich heute noch die Geschichte der Sennerin Mena, am Pass Lueg jagte Waldburga Reiterin Murmeltiere.

Mit einem Korb auf dem Rücken und das Gewehr unter dem Kittel versteckt ging Mena auf die Pirsch. Die Sennerin schlich durch den Wald, auf der Hut vor Jägern. So erzählt es Josef Auer vom Regionalmuseum Kalchofengut in Unken. Ursula Dichter, genannt Mena, war eine der wenigen Frauen, die in den 1930er-Jahren wilderten. „Trotzdem war sie eine der Berüchtigtsten", berichtet der Kustos. Ihr Vorteil: Das Gewehr, das zusammenklappbar war und das sie unter ihrem Kittel versteckt gehalten haben soll, konnte nicht entdeckt werden. „Selbst die Jäger oder die Gendarmerie hätten sich nicht getraut, darunter zu sehen. Einmal soll sie ein Gendarm aufgefordert haben, den Rock zu heben. Dem hat sie nie nur geantwortet: ‚Untersteh di.'"

Wilderei ist in Salzburg bereits seit dem Mittelalter dokumentiert, doch Frauen stellten hier eine Ausnahme dar. Das lässt sich auch anhand der gerichtlichen Verurteilungen feststellen. Norbert Schindler, ehemaliger Dozent am Fachbereich Geschichte der Universität Salzburg, hat Hunderte Akten durchgesehen. Nur in Ausnahmefällen seien Frauen aufgrund von Wilderei – also dem Eingriff in fremdes Jagdrecht – tatsächlich verurteilt worden. Ein Beispiel ist in diesem Zusammenhang die „Sennerin von der Plientau". Waldburga Reiterin ist laut dem Historiker eine der wenigen damals aktiven Wilderinnen, die in den Salzburger Strafprozessakten des 18. Jahrhunderts zu finden sind. Verurteilt wurde sie einst zu zwei Tagen Haft auf der Festung Hohenwerfen. Damit sei sie glimpflich davongekommen, so Schindler. Auf ihrer Alm südlich des Passes Lueg habe sie Murmeltierfallen aufgestellt. Das Schmalz, das als Allheilmittel galt, verkaufte sie. „Sie unterschied sich in

Ursula Dichter, besser bekannt als die Sennerin Mena.

ihrem Verhalten stark von der Männerwelt, weil sie nicht zum Gewehr gegriffen und sich auf Kleintiere konzentriert hatte."

Auch wenn die Bedeutung der Frauen bei der Jagd bis auf wenige Ausnahmen gering war, sollen sie doch eine wichtige Rolle im Tragen und Verwerten des Fleisches gespielt haben. „Man kann aber keinesfalls von Wildereiamazonen sprechen", betont Schindler. Unter den Salzburger Männern hingegen war die Wilderei stark verbreitet. Der Historiker vermutet, dass jeder dritte junge Mann im 18. Jahrhundert illegal auf die Jagd gegangen sei. „Das gehörte einfach dazu", unterstreicht auch Josef Auer vom Regionalmuseum in Unken. „Jeder, der damals etwas auf sich hielt, ging auf die Jagd, auch wenn es verboten war. Das Wildern hat zum guten Ton gehört. Wenn ein junger Bursch nicht wilderte, dann galt er als Weichei, als Feigling."

Für die Wildereiausstellung im Kalchofengut in Unken hat das Museum auch viele Geschichten gesammelt, die nach wie vor über Wilderer in der Region erzählt werden. „Es ging den Männern damals nicht darum, Jagdtrophäen zu sammeln", berichtet Auer. „Sie brauchten das Fleisch, um zu überleben." Norbert Schindler erkennt noch andere Motive: „Es war eine dunkle, rebellische Gewohnheit, deren historischer Kern darin bestand, dass die bäuerliche Kultur entgegen allen staatlichen Verboten trotzig an ihrem überkommenen Grundrecht der freien Jagdausübung festhielt." Wilderei sei damit auch eine Möglichkeit gewesen, sich gegen die Obrigkeit aufzulehnen.

Schindler unterscheidet zwischen der Wilderei im Flachgau, über die heute mehr bekannt ist, und jener in den Gebirgsgauen. „In den nördlichen Teilen des Landes waren die großen Wälder – und damit gab es hier auch viele Kontrollen." Wilderer seien dort rascher erwischt worden. „Im Gebirge stieß man jedoch auf eine Schweigemauer. Es wussten zwar alle, wer wo wilderte, doch verraten wurde nie etwas." Die Strafen für Wilderei waren hoch. Wurde man das erste Mal bei der illegalen Jagd nach einem Hirsch erwischt, mussten 20 Gulden bezahlt werden. „Das war damals schon ein ordentlicher Betrag. Aber wenn jemand nicht völlig arm war, wohl noch aufzubringen." Beim zweiten Mal verbüßten Wilderer ein Jahr Strafarbeit – im Steinbruch am Mönchsberg. „Die Arbeit war so, dass man nicht wusste, ob man ein Jahr dort überleben würde." Wurde man weitere Male bei der Wilderei erwischt, konnten die Verurteilten sogar des

Landes verwiesen werden, ergänzt Schindler: „Für einen Bauern hieß das also, dass er im Grunde seiner Existenzgrundlage beraubt worden war." Doch gerade in den Gebirgsgauen wurde Wilderei nur selten angezeigt. Denn eine Anzeige bedeutete auch jede Menge Papierkram. „Manche Jäger waren in der Bürokratie nicht so sattelfest. Und Salzburg war weit weg." Wilderei sei damit von ihnen auch durch Gewalt bestraft worden.

Das Zusammentreffen von Wilderern und Jägern endete damit häufig nicht friedlich, weiß auch Museumskustos Josef Auer. Ein Beispiel ist hier die Geschichte von Vinzenz Wörgötter aus Unken. Der „Berger-Zenz", wie er genannt wurde, jagte am 14. November 1920 mit einem zweiten Bauernburschen an den Südhängen des Stadlhorns. Doch ein Jäger entdeckte sie – und schoss. Einen der Burschen traf er, Vinzenz Wörgötter starb durch einen Schuss in den Hinterkopf. Seine Geschichte wurde noch jahrzehntelang in Unken erzählt – selbst ein Lied wurde über den „Rebellen aus dem Gebirge" geschrieben. Die letzte Strophe prophezeit: „Und wird nach vielen Jahren mein Name noch genannt, so wird sich mancher denken: ‚Den hab ich doch gekannt.' Und soll die Zeit dann kommen, wo man mich ganz vergisst, am Marterl steht geschrieben, wer dieser Wilddieb ist."

12

Wertvolle Bohne

In Großgmain
blühte einst der Schmuggel

In Großgmain lag einst das Geld sprichwörtlich auf der Straße. Bauernsöhne wurden zu Königen des Schmuggels.

Zwei Warnschüsse sollen die Zollbeamten abgegeben haben. Beim dritten Schuss durchbohrte die Kugel die Rückseite des Wagens, das Projektil glitt mühelos durch den Polster und traf den Mann, der auf dem Beifahrersitz saß. Er war sofort tot, im Kofferraum des Wagens fanden die Beamten kiloweise Kaffee und Zigaretten. „Offensichtlich haben die Zollbeamten Wind davon bekommen, dass sich im Auto Schmuggelware befand", sagt Johannes Lang. Der Leiter des Stadtarchivs in Bad Reichenhall hat sich mit den Geschichten der Schmuggler beschäftigt. „Sie haben sich in der Nähe des heutigen Freilichtmuseums positioniert und wollten den Wagen anhalten." Doch die Schmuggler dürften wohl nicht daran gedacht haben, stehen zu bleiben. Die *Salzburger Nachrichten* berichteten am 23. Juni 1950, zwei Tage nach dem tödlichen Vorfall: „Die Haltzeichen der Zollbeamten wurden von den Insassen nicht beachtet; in voller Fahrt sauste das Auto weiter." Noch 72 Jahre später erinnert ein Marterl am Straßenrand der Großgmainer Landesstraße an den Tod des Schmugglers. Der Gedenkstein ist so unscheinbar, dass Vorbeifahrende schon genau wissen müssen, wonach sie suchen. Es ist auch einer der wenigen Orte in Salzburg, die an die Schmugglerzeit nach dem Zweiten Weltkrieg erinnern.

Das Echo auf den Tod des Großgmainer Schmugglers soll emotional gewesen sein, sagt der Historiker. Zusammen mit dem Bad Reichenhaller Albin Kühnel hat Lang Interviews mit zahlreichen ehemaligen Schmugglern und Zollbeamten geführt und deren Geschichten zu einem Buch zusammengetragen. „Der Wagen, mit dem der getötete Schmuggler unterwegs gewesen war, wurde noch tagelang in Großgmain zur Schau gestellt", erzählt Lang. Außerdem sei die Beerdigung des jungen Mannes eine Machtdemonstration

In speziell gefertigten Mänteln wurde einst Kaffee über die Grenze geschmuggelt.

des organisierten Schmuggels gewesen: „Eine derart große Trauerkundgebung hatte Großgmain zuvor noch nicht gesehen."

Und dennoch: Solche tödlichen Zwischenfälle gab es nur wenige in der Schmugglerzeit, obwohl die Zollverwaltungen in Österreich und Deutschland versuchten, den illegalen Warentransport zu bekämpfen. Sei es durch mehr Personal, eine bessere technische Ausstattung oder später auch durch den Einsatz von Hunden entlang der Grenze. Doch sie konnten nicht verhindern, dass es nach dem Zweiten Weltkrieg zu einer Blütezeit des organisierten Schmuggels kam. „Vor allem Kaffee und Zigaretten wurden ab 1946 im großen Stil geschmuggelt", sagt Albin Kühnel. Schon bald diktierte der Schwarzhandel die Gesellschaft in der Grenzregion. „Das Geld lag sprichwörtlich auf der Straße, viele haben in dieser Zeit ein Vermögen verdient." Ein geschmuggelter 50 Kilogramm schwerer Sack Kaffee soll 50 Mark eingebracht haben. Für ein Gebinde mit 10 000 Zigaretten bekam ein Schmuggler 100 Mark, berichtet Kühnel: „In einer Nacht konnte ein Schmuggler also den Lohn eines halben Monats verdienen."

Allein im Jahr 1949 sollen sechs Milliarden Zigaretten und 30 000 Tonnen Kaffee nach Deutschland geschmuggelt und damit Zölle und Verbrauchsteuern in Höhe von mehr als einer Milliarde DM hinterzogen worden sein. „Die schlaueren Schmuggler haben sich ihr Geld aber nicht anmerken lassen", sagt Kühnel, „sondern das meiste investiert, etwa in landwirtschaftliche Maschinen." Dennoch sei es auch vorgekommen, dass manche von ihnen mit ihrem Erfolg geprahlt und sich mit ihrem verdienten Geld Luxusgegenstände wie beispielsweise Motorräder gekauft hätten. Ein ortsbekannter Schmuggler habe sich mit dem beim Schwärzen verdienten Geld sogar ein eigenes kleines Haus leisten können. Von Insidern wurde der Neubau daher als „Villa Chesterfield" bezeichnet – in Anlehnung an die damals bevorzugt geschmuggelte Zigarettenmarke.

Stadtarchivar Johannes Lang erzählt auch von einem Schmugglerkönig, der sich auf einer Faschingsfeier mit einem Hundertmarkschein eine Zigarette angezündet haben soll. „Wenn man den ehemaligen Schmugglern in den Interviews zuhörte, bekam man den Eindruck, dass die Schmugglerzeit jahrzehntelang ging", meint Lang. Tatsächlich umfasste die Blütezeit drei bis vier Jahre. Nachdem Steuern für Zigaretten und Kaffee in Deutschland gesenkt worden waren, war auch der Schmuggel nicht mehr attraktiv. Noch heute werden zwar immer wieder Zigarettenschmugglerinnen und -schmuggler am Flughafen erwischt, an der EU-Binnengrenze zwischen Großgmain und Bayerisch Gmain kehrte jedoch wieder Ruhe ein. Oder wie es Lang und Kühnel in ihrem Buch formulieren: „Aus ehemaligen Schmugglern wurden wieder brave Bürger, die ihren Lebensunterhalt nunmehr auf ehrliche Art und Weise verdienten."

Krankheiten und Katastrophen

13

Im Zeichen des Schwarzen Todes

Wie die Pest die Halleinerinnen und Halleiner dahinraffte

Nur noch wenig lässt heute darauf schließen, dass in Hallein einst die Pest wütete. Wer sich damals nicht an die Maßnahmen hielt, den erwartete der Galgen.

Da staunten die Archäologinnen und Historiker nicht schlecht, als sie die Steinplatten des Fußbodens hoben. Unter der Halleiner Stadtpfarrkirche stießen sie auf Hunderte Skelette. Das war 2005, als die Kirche renoviert wurde und eine Fußbodenheizung eingebaut werden sollte. Medien betitelten den Fund damals als Sensation. Schnell wurden Vermutungen laut, dass es sich bei den rund 200 in Tüchern bestatteten Toten um Opfer der Pest in Hallein handelte. Bis heute, mehr als 18 Jahre später, sei deren Todesursache nicht abschließend geklärt, berichtet Anna Holzner, Historikerin im Keltenmuseum in Hallein: „Um ein Massengrab handelte es sich in diesem Fall nicht – sondern um einen Friedhof, der bei der späteren Erweiterung der Kirche überbaut worden ist. Unter den Toten sind also auch viele andere, die nicht an der Pest gestorben sind." Das Ausgrabungsteam stieß damals in einem anderen Teil der Kirche darüber hinaus auf drei Tote, die in Särgen bestattet wurden. „Wir nehmen an, dass es sich dabei um drei Jesuitenpriester handelt, die 1634 nachweislich an der Pest gestorben sind." Die drei Männer hätten ihr Leben geopfert, sagt die Historikerin: „Seuchen wurden dazumal immer als die Strafe Gottes gesehen, den Priestern kam also mit der Seelsorge eine entscheidende Rolle zu." Es handelte sich um keine Einzelfälle: Viele Geistliche hätten dabei im direkten Kontakt mit den Infizierten ihr Leben gelassen.

Dass die Pest vom 16. bis Anfang des 18. Jahrhunderts immer wieder in Hallein wütete, lässt sich heute nur noch an wenigen Orten festmachen. Einer dieser befindet sich in der Davisstraße – auf der rechten Seite der Salzach. In dem großen, weiß gestrichenen Haus mit den kleinen Fenstern und den hölzernen Balkonen befand sich früher das Pestspital der Stadt. Wo die infizierten Halleinerinnen

Darstellung eines Pestdoktors.

und Halleiner erst mühsam versorgt und viele von ihnen anschließend im damals danebenliegenden Friedhof bestattet wurden, befinden sich heute Wohnungen. Die Holzbalkone hatte das Haus früher noch nicht. Der ehemalige Friedhof neben dem einstigen Pestspital ist heute verschwunden. „Den hat die Salzach bei Hochwasser in der Vergangenheit größtenteils mitgenommen", erzählt Holzner.

Die Pest rollte in drei großen Wellen über Hallein – 1570, 1634 und 1713. Doch auch dazwischen kam es immer wieder zu Ausbrüchen. Die Halleinerinnen und Halleiner wurden von der Seuche aber keinesfalls überrascht. Es gab Vorzeichen. „Man wusste ganz genau, wenn die Pest in den benachbarten Regionen wütet, dass sie dann auch bald zu uns kommt", unterstreicht Holzner. Deshalb traf man Vorkehrungen. So gab es zum Beispiel 1569, ein Jahr vor der ersten großen Welle, eine Anordnung, mit der das Trinken von Branntwein verboten wurde. Dieser galt nämlich als Heilmittel gegen die Pest und sollte deshalb aufgespart werden.

Wer sich mit der Pest infizierte, musste in Quarantäne. Diese umfasste mindestens vier bis fünf Wochen. Die Haustüren der erkrankten Einwohnerinnen und Einwohner seien mit dem Buchstaben „A" gekennzeichnet worden, berichtet die Historikerin. Ab dem 17. Jahrhundert ging man bei Ausbrüchen sogar so weit, die Halleiner Stadttore zu schließen. Nur Personen, die nachweislich aus einer Region kamen, in der die Pest nicht wütete, durften passieren. Wer dennoch einen Weg in die Stadt suchte, wurde aufgehängt. „Dafür stellte man extra Schnellgalgen auf."

Die Pest veränderte also den Alltag der Bevölkerung. Obwohl seither mehrere Jahrhunderte vergangen sind, ließen sich im Umgang mit Seuchen Parallelen zu heute finden, sagt Rupert Breitwieser. Der Historiker von der Universität Salzburg findet sogar Ähnlichkeiten mit Seuchenausbrüchen – lange bevor diese jemals in Salzburg auftraten. „Von der Antike bis heute war es so, dass immer ein Schuldiger am Leid gesucht wurde. Meistens waren das Minderheiten."

Heutzutage ist die Bakterienerkrankung zwar nicht vollständig ausgerottet, aber durch die Behandlung mit Antibiotika unter Kontrolle und verlor hierzulande damit ihren Schrecken. In Hallein forderte die Pest während der drei Wellen etwa 2700 Tote. Die Stadt zählte damals jedoch nur zwischen 3000 und 4000 Einwohnerinnen und Einwohner. Nach 1714 lässt sich im Land Salzburg keine weitere Welle mehr nachweisen. Die Erinnerung an den Schwarzen Tod lebt aber durch Pestfriedhöfe und Kreuze weiter.

14

Das Jahr ohne Sommer

Als ein Vulkanausbruch zu einer Hungerkrise führte

Ernteausfälle im Jahr 1816 ließen den Brotpreis um das Dreifache steigen, viele Menschen mussten hungern. Dabei traf die Krise ein bereits geschwächtes Salzburg.

Die Kühe stehen abgemagert im Stall, Schnee bedeckt die Felder, im ganzen Haus ist es bitterkalt: Die Bauersfamilie Grimming kämpfte vor knapp 200 Jahren auf dem Lärchenhof in St. Martin im Tennengebirge ums Überleben. So erzählt es Monika Brunner-Gaurek, Historikerin im Freilichtmuseum in Großgmain: „Der Bauer des Lärchenhofs wurde 1816 gerade zum zweiten Mal Witwer." Die Bäuerin war wegen Mangelernährung nach der Geburt ihres Kindes gestorben. Sohn Hias und Vater Benedict mussten von da an die Arbeit auf dem Hof allein bewältigen. Nicht nur die Grimmings erlebten 1816 einen katastrophalen Sommer. Unwetter mit Hagel, Überschwemmungen und Schnee bis in den Juni führten zu Missernten in Salzburg. Und nicht nur hier, in ganz Mitteleuropa und Nordamerika ging 1816 als das „Jahr ohne Sommer" in die Geschichte ein.

Ausgelöst wurden die klimatischen Veränderungen 12 000 Kilometer von Salzburg entfernt, auf der Insel Sumbawa im heutigen Indonesien. Im April 1815 brach dort der Vulkan Tambora aus. Tonnen von Schwefeldioxid schossen in die Atmosphäre und wanderten als Aerosolwolke langsam bis nach Europa. Die Temperaturen fielen. Damals habe noch niemand an eine Verbindung zwischen diesem Ereignis und der Hungerkrise gedacht, wie Historikerin Sabine Veits-Falk schildert: „Naturforscher versuchten Erklärungen zu finden. Doch bereits seit der Kleinen Eiszeit ab 1812 waren Gletscherschwund und ein Rückgang der Temperaturen zu beobachten." Viele Menschen hätten sich übernatürliche oder religiöse Gründe für die dunkle Wolke zurechtgelegt.

Der Salzburger Kaufmann Anton Corbinian Rauchenbichler führte in der Zeit zwischen 1780 und 1833 fast täglich Wetteraufzeichnungen. Er beschreibt in seinen Tagebüchern Temperaturen, Witterung,

Heute immer noch aktiv – der Vulkan Tambora auf der Insel Sumbawa (Indonesien).

Fruchtbarkeit der Böden sowie die Teuerung der Lebensmittel. Für den 8. Juni 1816 notierte er etwa einen schneebedeckten Gaisberg, am 28. Juni beschreibt er die Schneedecke auf dem Untersberg. Es folgte demnach ein Sommer mit Regen, Hagel und schlechter Ernte. Am 11. September 1816 wurde in der Sebastianskirche in der Stadt Salzburg eine Messe wegen der anhaltenden Niederschläge abgehalten. Da die Gesellschaft des Alpenraumes Anfang des 19. Jahrhunderts 75 Prozent ihres täglichen Kalorienbedarfs mit Getreide deckte, wirkten sich die Ernteausfälle katastrophal auf die Versorgungssicherheit aus.

Die Hungerkrise traf ein bereits gebeuteltes Salzburg. Infolge der Napoleonischen Kriege gab es zwischen 1800 und 1816 fünf Regierungswechsel: vom Fürsterzbistum zur Eigenstaatlichkeit; ab 1806 kam Salzburg zu Österreich, dann zu Bayern und ab 1816 wieder zu Österreich. Dies ging mit Bedeutungsverlust, Schulden und Bevölkerungsschwund einher. Lebten im Jahr 1794 noch 145 000 Menschen im Bundesland Salzburg, waren es 1817 nur noch 134 000. Die Historikerin Veits-Falk beschreibt die Lage folgendermaßen: „Die Menschen waren schon verwundbar und dann kamen die Auswirkungen des Vulkanausbruchs hinzu. Hunger, Armut und die dunkle Wolke drückten auch auf das Gemüt, es herrschte depressive Stimmung." So ist es kein Zufall, dass der Pfarrer Joseph Mohr und der Komponist Franz Xaver Gruber das Lied *Stille Nacht, Heilige Nacht* in diesen Jahren schrieben. Es ist ein Ausdruck einer Zeit der Entbehrungen.

Das gehandelte Getreidevolumen auf der Salzburger Schranne war in der Zeit so niedrig wie nie zuvor. In der Stadt stiegen die Getreidepreise von 1815 bis 1817 um das Dreifache an. Ein Laib Brot kostete im Jänner 1816 noch 17 Kreutzer, im Jahr 1817 bereits 45 Kreutzer. Auch Butter und andere Lebensmittel wurden teurer. Viele ersetzten das Getreide durch billigere Zutaten oder streckten das Mehl mit gemahlener Baumrinde. Siegerin der Krise war die Kartoffel, wie Veits-Falk anmerkt: „Seit 1785 sind Erdäpfel in Salzburg bekannt, doch der Großteil stand dem Nachtschattengewächs skeptisch gegenüber. Es galt als Schweinefutter." Durch die Hungerkrise hat die Kartoffel schließlich Einzug in die Speisepläne gehalten. Erst im Frühjahr 1818, als der Brotpreis von der Stadt Salzburg gestützt wurde, normalisierten sich die Preise, auch die dunkle Aerosolwolke verzog sich. Bis

Salzburg aus seinem Dornröschenschlaf erwachte, dauerte es aber bis zur Jahrhundertmitte. 1850 wurde Salzburg Kronland des Habsburgerreiches und verfügte ab 1860 wieder über einen eigenen Landtag. Zudem führte der Bau der Eisenbahnverbindung nach Wien – in das Herz der Monarchie – wieder zu einem Aufwärtstrend und einsetzenden Tourismus in Salzburg.

Für den Bauern Benedict Grimming kam 1816 nichts anderes in Frage, als zum dritten Mal zu heiraten. „Wer soll sonst die Arbeit am Hof verrichten und die Kinder versorgen?", sagt er zu seinem Sohn in einer nachgestellten Szene, die im Freilichtmuseum in Großgmain als Schatteninstallation zu betrachten ist. Und tatsächlich: Monika Brunner-Gaurek konnte herausfinden, dass der Bauer nach 1816 rasch wieder geheiratet hatte. In St. Martin starben die Menschen in dieser Zeit vor allem an Mangelernährung, Pocken und Lungenkrankheiten, wie die Historikerin in den Sterbematriken recherchieren konnte. Der Hof der Familie Grimming steht mittlerweile nicht mehr in St. Martin, sondern auf dem Museumsareal in Großgmain. „Unsere Besucher glauben oft, dass das Leben der Bauern romantisch war. Aber das ist falsch. Gerade 1816 war es eine Katastrophe."

15

Ein Großfeuer in Salzburg

Nach dem Stadtbrand entflammten die Gerüchte

Ende April 1818 zerstörte das Feuer die rechte Altstadt. Wer den Brand entfacht hatte, war zunächst nicht klar. Doch dann fiel der Verdacht auf eine Soldatenfrau.

Christoph Koca zeigt auf die Dreifaltigkeitskirche. Wäre vor mehr als 200 Jahren ebenso Regen auf die Dächer der Wohnhäuser und Kirchen in der Stadt geprasselt, wäre die Neustadt dazumal wohl nicht in Schutt und Asche gelegen. Koca ist seit 2018 Stadtführer und spezialisiert auf Führungen, die „ein anderes Gesicht von Salzburg zeigen". Das sind jene dunkleren Seiten, wo sich Unfälle, Verbrechen und Katastrophen zutrugen. Der große Stadtbrand von Salzburg reiht sich hier ein: Das Feuer breitete sich einst an einem Donnerstagvormittag in der Neustadt rasend schnell aus. Jedoch zunächst unbemerkt: Die Stadt rechts der Salzach war an diesem Tag, dem 30. April 1818, fast leer gefegt. Fast alle Salzburgerinnen und Salzburger warteten am Residenzplatz auf die Ankunft eines besonderen Staatsgastes – auf Ferdinand Friedrich August von Württemberg. Mit einer feierlichen Zeremonie sollte der hochadelige Militär in Empfang genommen werden. Doch dazu kam es nicht.

Als ein Großteil der Salzburger Bevölkerung in der warmen Aprilsonne des Christi-Himmelfahrt-Tages auf den württembergischen Prinzen wartete, donnerte ein Kanonenschuss von der Festung. Der Herzog kommt, dachte man. Dann ein weiterer Schuss. Schließlich ein dritter. Unruhe breitete sich aus, das konnte nicht der Willkommensgruß für den Gast sein. Föhnwinde hatten den Brand auf dem Dach des als Kaserne genutzten Priesterseminars in der Zwischenzeit angefacht. Das Feuer züngelte von Dach zu Dach. Innerhalb kurzer Zeit brannte die halbe rechte Stadtseite. Eine professionelle Feuerwehr gab es damals noch nicht. „Es hatte in den Tagen zuvor nicht geregnet", erklärt Erich Marx. Der pensionierte Historiker leitete bis 2000 das Stadtarchiv und war anschließend zwölf Jahre lang als Direktor des Salzburg Museum tätig. Marx hat sich umfassend mit der

Zeitgenössische Darstellung des verheerenden Salzburger Stadtbrands aus dem frühen 19. Jahrhundert von Johann Michael Sattler.

Brandkatastrophe beschäftigt. Die Dächer der Häuser waren früher mit leicht entzündlichen Holzschindeln bedeckt, hat er herausgefunden: „Die Menschen konnten nichts tun. Einige haben noch versucht, Dinge aus den Häusern zu räumen.“ Vier Tage und vier Nächte soll es gebrannt haben. Erst als praktisch „alles“ nördlich der Dreifaltigkeitskirche und innerhalb der damaligen Stadtmauern niedergebrannt war, konnte „Brand aus“ gegeben werden.

Zurück blieben Trümmer, verkohlte Häuser und zerstörte Kirchen. Zwölf Menschen starben. Die meisten waren jedoch bereits vor dem Brand in Sicherheit geflohen und konnten den Flammen entgehen. Ihr Hab und Gut war allerdings verloren. Trotz der Zerstörung gab es auch Grund zur Hoffnung. „Bemerkenswert war, wie nach dem Brand den Betroffenen geholfen wurde“, erläutert Marx. Er hat in historischen Unterlagen recherchiert, dass alle 298 obdachlosen Familien bei Freunden, Bekannten, aber auch Fremden Unterschlupf finden konnten. Insgesamt hatten 1150 Personen ihr Zuhause verloren. Eine Art Hilfsfonds wurde eingerichtet. „Das ging innerhalb von Monaten.“ Bei öffentlichen Gebäuden sah das aber ganz anders aus: „Es dauerte bis zu 30 Jahre, bis alle Brandschäden behoben waren.“ Auch das Schloss Mirabell wurde zerstört und musste restauriert werden. Noch heute seien auf Boden und Stufen des Marmorsaals für aufmerksame Besucherinnen und Besucher dunkle Spuren zu erkennen. Die stammen laut Marx von einem verkohlten Balken, der während des Brandes herabgefallen war.

Doch was war passiert? Wie konnte ein Feuer entstehen, das so schnell auf die Dächer übergesprungen und nicht mehr aufzuhalten war? Offiziell wusste das in den Tagen nach dem Brand keiner so recht. Die Bürgerinnen und Bürger begannen zu mutmaßen. „Der Krapfenbäcker in der Linzer Gasse war's“, hieß es von den einen. „In der benachbarten Brauerei ist das Feuer ausgebrochen“, meinten andere. Erich Marx betont, dass sich die Gerüchte wie ein Lauffeuer verbreitet hatten. Von offizieller Seite hielt man sich zunächst bedeckt: Es herrschte Stillschweigen über die Brandursache. Dabei gab es Zeuginnen und Zeugen. Die wichtigste war Anna Ferrari. Die Frau des Theaterdirektors zog sich nach einer Probe in ihrer Wohnung in der Priesterhausgasse gerade um, als sie aus dem Fenster blickte und auf einem Dach der gegenüberliegenden Häuserreihe Funken sah, die dort aus dem Kamin sprühten. Oder, wie Ferrari es nannte: „Ein Funkenregen, wie wenn ein Strauß Vergissmeinnicht auf das Dach heruntersinkt." Ein Soldat auf der Straße wurde alarmiert, dieser wiederum wollte Hilfe holen. Doch der Hausmeister, der den Schlüssel zum Dachboden gehabt hätte, hatte sich zur Begrüßung des Herzogs auf den Residenzplatz begeben. Bis die Männer auf dem Dach waren, war es bereits zu spät. Anna Ferrari hatte die Folgen einer Fettexplosion beobachtet. Denn der Kamin auf der gegenüberliegenden Straßenseite gehörte zu der darunterliegenden Kaserne. Dort in der Küche kochte an jenem Frühlingstag die 20-jährige Elisabeth Trepka. Knödel und gebratener Fisch sollten es angeblich werden. Trepka verließ nur kurz die Küche, dann kam es zu dem Missgeschick: Das kochende Wasser schwappte über den Rand des Topfes in die heiße Schmalzpfanne. Die explosionsartige Stichflamme schoss den Kamin hinauf. „Dass der Brand in der Kaserne des Militärs ausgebrochen war, wollte man erst geheim halten", berichtet Marx. In dem Gebäude war das 1. Jägerbataillon untergebracht. Das dürfte dem Militär wohl selbst etwas unangenehm gewesen sein. Trepka war es zudem untersagt, in der Kaserne ohne Soldaten im Haus zu kochen. Doch auch hier gab es Zeugen, die die 20-Jährige in der Küche beobachtet hatten. Die Frau wurde von einer zivilen und einer militärischen Untersuchungskommission befragt und dann nach Linz gebracht. Kurze Zeit später setzte man sie wieder auf freien Fuß, da der Vorsatz fehlte. Offiziell dürfte dies aber nie groß ausposaunt worden sein. „Als damals junger Historiker wurde selbst mir noch erzählt, dass zwei Frauen beim Krapfenbacken gestritten hätten und dabei das Feuer entfacht wurde", erinnert sich Marx.

Und der Feldmarschall Ferdinand Friedrich August von Württemberg? „Viel habe ich zu ihm nicht gefunden", ergänzt der Historiker. „Doch er dürfte an diesem Tag noch in Salzburg angekommen sein." Der feierliche Empfang war aber wohl ausgeblieben.

16

„Jahrhunderthochwasser" samt Ortsverlegung

Als Oberndorf überschwemmt wurde

Unmittelbar vor der Jahrhundertwende kam es zu einem verheerenden Hochwasser in Oberndorf bei Salzburg. Der Ort musste verlegt werden – er wurde so aber auf lange Sicht gerettet.

Nach andauernden Regenfällen im September 1899 trafen Überschwemmungen die Gemeinde Oberndorf schwer. Der Pegelstand der Salzach stieg auf mehr als zehn Meter. Ganze Häuserblöcke wurden weggespült. Ein auf dem Fluss treibendes Haus riss die Brücke, die Oberndorf mit Laufen verband, mit sich. Es sei ein „Dolchstoß mitten durchs Herz", steht in einem Bericht vom 18. September 1899 im *Salzburger Tagblatt* geschrieben. Und: „Neu entstehen wird Oberndorf kaum wieder."

Diese Prognose sollte sich zum Teil bewahrheiten. Denn bereits wenige Tage nach der Flut entschieden politische Vertreter wie Landeshauptmann Alois Winkler und Bezirkshauptmann Eugen Pillwein, den Ortskern in Oberndorf an eine höhere Stelle zu verlegen. Das geschah jedoch nicht von heute auf morgen, wie Josef Standl schildert. Der ehemalige Journalist ist Vizepräsident der Stille-Nacht-Gesellschaft und hat eine Ausstellung zu dem Thema im Stille-Nacht-Museum in Oberndorf kuratiert. „Man hatte sich schon zuvor Gedanken gemacht, den Ort an eine höhere Stelle zu verlegen. Aber das Ereignis von 1899 war letztlich ausschlaggebend und hat den Ort – rückblickend betrachtet – sogar gerettet."

Überschwemmungen gab es im Bundesland Salzburg immer wieder. Die älteste bisher überlieferte Aufzeichnung für ein Hochwasser stammt von einem bayerischen Geschichtsschreiber aus dem 15. Jahrhundert, der für das Jahr 857 in den Salzburger Annalen den Eintrag „große Überschwemmung" vermerkte. Ähnliche Ereignisse werden in Chroniken beispielsweise für die Jahre 964 und 1269 verzeichnet – und weiter bis ins 16. Jahrhundert. Das Hochwasser im Jahr 1572 etwa zählte zu den größten Überflutungen im Salzachtal bis zum damaligen Zeitpunkt. 80 Menschen sollen dabei ums Leben gekommen

Oberndorf im Zeichen des Hochwassers, 1899.

sein. Ereignisse mit schwereren Schäden gab es zudem in den 1840er-Jahren und kurz vor der Jahrhundertwende: 1897, 1898 und eben im September 1899 – das damalige „Jahrhunderthochwasser“ ging in die Geschichte ein.

Neben der Stadt Salzburg waren die Flachgauer Orte Thalgau und Oberndorf besonders betroffen. Oberndorf war in jener Zeit ein Vorort von Laufen und lag im heutigen Altoberndorf, wo die Stille-Nacht-Kapelle steht. Diese wurde am Schutthügel der ehemaligen Kirche St. Nikola errichtet, in der das Lied *Stille Nacht, Heilige Nacht* im Jahr 1818 das erste Mal erklungen ist. Durch die niedere Lage nur unweit der Laufener Flussschlinge trat in dem Gebiet immer wieder die Salzach über das Ufer.

Die Bevölkerung von Laufen lebte etwa tausend Jahre von der Salzachschifffahrt. Der Ort war ein wichtiger Umschlagplatz für das aus Hallein kommende Salz. Für jede Fuhre musste Geld an die Gemeinde entrichtet werden. Standl beschreibt die Bedeutung der Schifffahrt für Oberndorf und Laufen als „Segen und Furcht zugleich. Segen, weil die Salzach Wohlstand und Arbeit brachte. Aber auch Furcht vor Überschwemmungen.“ Seit jeher waren die Schiffer, die sich am Fluss in Oberndorf ansiedelten, daran gewohnt, ihre Häuser nach Überschwemmungen immer wieder aufzubauen. Im 19. Jahrhundert sei es dann zu einer Reihe von „Schicksalsschlägen“ für Oberndorf gekommen, wie Josef Standl fortführt: „Durch die Napoleonischen Kriege war der Ort bereits verwüstet.“ Nach mehr als tausendjähriger gemeinsamer Geschichte wurden Oberndorf und Laufen durch die Münchner Verträge im Jahr 1816 getrennt. Oberndorf war nun eine eigenständige Gemeinde, die in das Habsburgerreich Österreich eingegliedert wurde. „Das war für die Bevölkerung ein dramatischer Einschnitt.“ Und mit dem Bau der Kaiserin-Elisabeth-Westbahn ab Mitte des 19. Jahrhunderts kam die Schifffahrt endgültig zum Erliegen. Dazu wieder Standl: „Das Hochwasser von 1899 traf also ein bereits verarmtes und gebeuteltes Oberndorf mit etwa 1 000 Einwohnern.“

Dennoch musste sich die Gemeinde an der Finanzierung der Ortsverlegung salzachaufwärts nach Neu-Oberndorf beteiligen. Im Jahr 1900 war eine Delegation aus Salzburg sogar zu einer Audienz bei

Kaiser Franz Joseph geladen, um ihn um Geld zu bitten. Der Kaiser spendete letztlich aus seiner Privatschatulle. Die Gesamtkosten der Ortsverlegung wurden auf mehr als 840 000 Kronen geschätzt. Die versprochenen Gelder von Reich und Land kamen aber nur zögerlich in der Flachgauer Gemeinde an.

Bis 1903 war die neue Salzach-Brücke fertiggestellt. 1901 erfolgte der erste Spatenstich in Neu-Oberndorf; bis 1907 waren etwa 50 einstöckige Häuser errichtet, die allerdings mit hohen Hypotheken belastet waren. Wie Standl erzählt, konnten sich auch nicht alle Bewohnerinnen und Bewohner Oberndorfs die Umsiedlung leisten. „Es meldeten sich 148 Hausbesitzer, von denen allerdings nur 58 zur Umsiedlung bereit waren. 32 ließen sich finanziell abfinden."

Im Jahr 1912 verfügte das Ministerium für Inneres die Einstellung der Ortsverlegung, obwohl bis dahin lediglich 72 statt zuvor etwa 150 Häuser erbaut worden waren. So musste erneut ein Hochwasser den Ort treffen, um das Projekt voranzutreiben. Nach verheerenden Überschwemmungen im September 1920 in Oberndorf wurde die Verlegung rasch wieder aufgenommen. Bund und Land teilten sich die Kosten im Verhältnis sechs zu eins. Die Geldmittel waren aber nur für bereits begonnene Bauvorhaben vorgesehen. „Die Ortsverlegung blieb bis zuletzt ungenügend und unvollendet", lautet das Urteil von Josef Standl. „Erst nach dem Zweiten Weltkrieg konnte das neue Oberndorf so richtig erblühen. Die Lokalbahn und der Ausbau der Bundesstraße B156 hatten daran wesentlichen Anteil." Die Stille-Nacht-Kapelle wurde am 14. August 1937 eingeweiht – natürlich im strömenden Regen, wie es aus Quellen heißt. Der damalige Bundeskanzler Kurt Schuschnigg und Landeshauptmann Franz Rehrl nahmen an den Feierlichkeiten teil. Eine geplante inszenierte Piratenschlacht auf der Salzach musste wegen des schlechten Wetters aber abgesagt werden.

Im Juni des Jahres 2013 stand der Stille-Nacht-Bezirk in Oberndorf das letzte Mal unter Wasser.

Gewalt, Kampf und Vertreibung

17

Furcht vor einer Weltmacht

Als die Osmanen über den Lungau herfielen

Salzburgerinnen und Salzburger fürchteten sich einst vor einem Überfall der Osmanen. Die Angst vor den Soldaten des damaligen Weltreichs hinterließ im Lungau zahlreiche Spuren.

Die römisch-katholische Kirche thront über dem Herzen des Lungaus. Im 15. Jahrhundert war St. Leonhard bei Tamsweg eine der prunkvollsten Kirchen, die zu dieser Zeit in der Region errichtet wurden. Diese Pracht musste geschützt werden. Bereits auf dem ersten Blick fällt noch heute etwas Ungewöhnliches an der Wallfahrtskirche auf: Sie ist von einer breiten Steinmauer und mehreren Wehrtürmen umgeben. Mauer und Türme sollten die Kirche und die darin ansässige Bruderschaft von St. Leonhard vor der Reiterschar einer der größten Mächte der Welt schützen: den Soldaten des Sultans des Osmanischen Reiches. Anfangs nur ein kleines Fürstentum im westlichen Kleinasien, brachten die Osmanen im 14. und 15. Jahrhundert Anatolien und weite Teile des Balkans und Schwarzmeerraums unter ihre Kontrolle. Fast 1400 Kilometer Luftlinie vom damaligen Konstantinopel entfernt, finden sich im Salzburger Lungau heute noch Hinterlassenschaften des einstigen Weltreiches.

In Kärnten wurden im 15. Jahrhundert bereits Kirchen geplündert und verbrannt, schreibt der Historiker Peter Klammer in der Ortschronik von Mauterndorf. „Sie nahmen das Heiligtum aus den Altären und zerhackten die Heiligenbilder, sie fingen und töteten viele Priester.“ Die Lungauerinnen und Lungauer ummauerten deshalb nicht nur die Kirche St. Leonhard. Im ganzen Erzstift Salzburg wurden Abwehrmaßnahmen in die Wege geleitet. „Aus dem ganzen Land war das Aufgebot an Bauern und Knechten an die Grenzen des Lungaus entsandt worden. Sogar aus Bayern waren Hilfstruppen unterwegs.“ Die Bedrohung war real: Im Jahr 1478 überschritten tatsächlich 20000 Osmanen die Grenze des Erzstiftes und fielen in den Lungau ein. Doch weit marschierten sie nicht: Überlieferungen bezeugen, dass sie auf einem Almgebiet, das noch heute als „Blutige

Wallfahrtskirche St. Leonhard bei Tamsweg.

Alm“ bezeichnet wird, plünderten und Angst verbreiteten. „Es kam dort aber nicht zu einem offenen Kampf“, betont Klammer. Die Osmanen stahlen die Pferde und zogen sich zurück. Bis zur Wehrkirche St. Leonhard bei Tamsweg rückten sie nie vor.

Die Furcht vor den Osmanen war in Salzburg dazumal zwar weit verbreitet, die feindlichen Truppen sollten allerdings kein zweites Mal den Boden des Erzstiftes betreten. Auch nicht in der Phase der größten Ausdehnung des Osmanischen Reiches – etwa 200 Jahre später. Die Habsburger und die Osmanen „tanzten“ über Jahrhunderte miteinander, wie es Arno Strohmeyer, Historiker für Geschichte der Neuzeit an der Universität Salzburg, ausdrückt. Auch wenn die „unmittelbaren Kontakte“ zwischen den beiden Reichen auf Salzburger Boden gering waren: „Die Folgen der osmanischen Expansion in Osteuropa konnte man mehrfach in Salzburg spüren. Die Türkenangst war weit verbreitet.“ Die Osmanen seien als „Ungläubige“ bezeichnet worden, in einer Zeit, als die Religion fast alles im Leben regelte. „Die Osmanen wurden als Bedrohung der gesamten Lebensweise gesehen.“ Die Menschen in Salzburg fürchteten sich vor Überfällen und baten Gott um Hilfe. „Die Angst wurde durch Flugblätter erhöht, auf denen die Größe der Armeen und die Grausamkeiten der Türken verstärkt dargestellt wurden“, ergänzt Strohmeyer, der auch das Institut für die Erforschung des Balkanraumes und der Habsburgermonarchie an der Österreichischen Akademie der Wissenschaften in Wien leitet.

„Weit verbreitet war die Vorstellung, dass die Türken Kinder pfählten und Frauen vergewaltigten.“ Die Redewendung „Den Krieg auf türkisch führen“ etablierte sich. Hieß: Der Krieg wurde besonders grausam geführt. Denn neben dem Pfählen des Feindes habe auch das Enthaupten zu einer gängigen Art des Tötens während der Türkenkriege gehört, sagt der Historiker. Daran erinnert noch heute ein 600 Quadratmeter großes Deckenfresko von Michael Rottmayr im Karl-Böhm-Saal des Salzburger Festspielhauses. Es stellt Reiterangriffe auf „Türkenpuppen“ und das sogenannte Türkenkopfstechen dar – und damit einen Teil der Kavallerieausbildung.

Mehr als 50 Jahre nach den Streifzügen der Osmanen im Lungau erreichte die osmanische Expansion in Mitteleuropa ihren Höhepunkt mit der ersten Belagerung von Wien 1529 – und der zweiten

Belagerung 1683. Die Stadt war damals eine der größten Metropolen Mitteleuropas und Hauptstadt der Habsburgermonarchie. Die Osmanen bezeichneten Wien sogar als „Goldenen Apfel". Doch beide Versuche, die Stadt einzunehmen, scheiterten nach wochenlangen Belagerungen. Anders als in Salzburg sind damit viele Spuren der Osmanen in Wien noch heute vielfach zu sehen. „In Wien gibt es Denkmäler oder auch den Türkenschanzpark. Dort ist die Geschichte auf Schritt und Tritt zu spüren." Arno Strohmeyer betont, dass es zwar acht Kriege zwischen den Habsburgern und Osmanen gab, man aber ebenso etwa auf 60 Friedensverträge zurückblicken kann: „Man sollte deshalb die Osmanen nicht nur als Kriegstreiber sehen." Gerade in der Frühen Neuzeit habe sich das Osmanische Reich auch von einer toleranteren Seite gezeigt – auch gegenüber Nicht-Muslimen. „Man konnte als Christ im Osmanischen Reich leben, andersherum war das nicht möglich."

18

Die Anfänge der Bauernkriege

Als der Erzbischof die Kanonen auf Salzburg richtete

Im Nordosten der Festung ragt der Bürgermeisterturm empor. Warum ein Erzbischof von dort einst die Stadt beschießen wollte.

Ein sichtbares Zeichen war damals nötig. Ein Zeichen, wer im Land das Sagen hatte. Ein Turm sollte es sein, gut sichtbar auf dem Festungsberg thronend. Erzbischof Matthäus Lang von Wellenburg ließ 1524 den Bürgermeisterturm im Nordosten von Hohensalzburg ausbauen. Damit wollte Lang von Wellenburg signalisieren, wer der Chef im Land ist und seine Untertanen „meistern".

In der ersten Hälfte des 16. Jahrhunderts kam es in Europa zu Bauernaufständen und Bauernkriegen. Auch Salzburg war betroffen. Die ländliche Bevölkerung, Gewerken und Knappen des Bergbaus und auch die Einwohner der Stadt lehnten sich auf, protestierten gegen immer höhere Steuern und Abgaben und griffen zu den Waffen. Bereits im Juli 1523 musste sich die Bürgergemeinde der Stadt Salzburg nach dem sogenannten „Lateinischen Krieg" dem Salzburger Erzbischof unterwerfen, auf alle Privilegien des Ratsbriefs von 1481 verzichten und den Erzbischof uneingeschränkt als Stadtherr akzeptieren. Der Erzbischof zog in die Stadt ein und ließ den Bürgermeisterturm für die Artillerie ausbauen. Die Kanonen waren auf die Stadt gerichtet. Dieses städtische Ereignis stelle in Salzburg etwa den Beginn der Aufstände dar, sagt Regionalhistoriker Martin Knoll von der Universität Salzburg. Er hat sich mit diesem Teil der Salzburger Geschichte näher beschäftigt. „Selbst wenn man von Bauernunruhen des späten 15. Jahrhunderts im Land absieht, haben die Aufstände in Salzburg damit aus meiner Sicht im Vergleich sehr früh begonnen. Eine Besonderheit Salzburgs liegt auch in der Vielzahl der sozialen Gruppen, die sich hier in Stadt und Land am Aufstand beteiligten. Der Begriff „Bauernkrieg" ist insofern nicht ganz präzise."

Die Bauern finanzierten mit ihren Abgaben Landesherrn, Adel und Geistlichkeit, waren aber gleichzeitig politisch völlig bedeutungslos.

Zentral in der oberen Bildhälfte – der Bürgermeisterturm der Festung Hohensalzburg.

Durch die hohen Abgaben und Dienste, zu denen die Bauern verpflichtet waren, blieb ihnen nur wenig zum Leben übrig. Doch innerhalb der Bevölkerung brodelte nicht nur die Unzufriedenheit darüber: Es war auch die Zeit der Reformation. Drei Jahre zuvor erschien die Schrift Martin Luthers *Von der Freyheith eines Christenmenschen*. Die Bauern fühlten sich unterstützt in ihrem Ansinnen, sich von der Leibeigenschaft zu befreien.

Der Erzbischof profitierte vom florierenden Bergbau in diesen Jahren. Weil das Holz aber knapp wurde, erließ der Landesherr 1524 eine Waldordnung. Er reglementierte das Fällen von Bäumen und stellte Waldabschnitte unter Schutz. Gewerken und Bergleute empfanden dies als tiefen Eingriff in ihre Privilegien.

Die Situation eskalierte im Mai 1525. In Schellenberg, knapp hinter der Grenze zur Fürstprobstei Berchtesgaden, kam es zu einer aufsehenerregenden Befreiung eines Gefangenen. Eustachius von Heiterwang, ein Leutpriester, der lutherisch gepredigt haben soll, wurde von Soldaten des Erzbischofs von Salzburg nach Mittersill transportiert. Dort sollte er seine Strafe verbüßen. Doch eine Gruppe von Bauern befreite den Mann. Der Landesherr ließ zwei von ihnen ohne Gerichtsurteil enthaupten. Damit entbrannte in Salzburg der erste Bauernkrieg.

In Gastein machte sich am 26. Mai 1525 eine von aufständischen Gewerken gut organisierte Truppe aus Bauern und Bergleuten auf den Weg, einen Tag später erreichte der Zug Hallein und stand kurz darauf vor den Toren Salzburgs. In der Stadt entstand Unruhe und den Aufständischen wurden die Tore geöffnet. Denn im Gegensatz zu den wohlhabenden Mitgliedern des Inneren Rats sympathisierten der größte Teil der Bürgergemeinde und die Inwohner ohne Bürgerrecht mit den Aufständischen. Das sei nicht selbstverständlich gewesen. „Später in Radstadt blieben die Stadttore geschlossen.“ Dieser Erfolg in Salzburg sei damals „vor allem auf die Professionalität der aufständischen Anführer aus der Schicht der Gewerken zurückzuführen gewesen“, sagt Knoll. Obwohl die Aufständischen knapp zwei Monate die Kontrolle über große Teile des Landes ausübten, waren sie militärisch nicht erfolgreich. Man konnte das Bauernheer auf Dauer nicht finanzieren. Der auf der Festung belagerte Matthäus

Lang sicherte sich in Geheimverhandlungen die Unterstützung der Bayern. Die Aufständischen mussten sich ergeben.

Wenig später, im Frühjahr 1526, kam es zu einem erneuten großen Versuch, sich mit Waffengewalt gegen die Regentschaft des Landesherrn zu wehren. Die Gebirgsgaue waren zu dieser Zeit ein Sammelbecken Verbannter und Vertriebener aus anderen Regionen. „Interessant ist, dass sich einige der Anführer des ersten Bauernkrieges nun auf die Seite der Gegner geschlagen haben", erzählt Historiker Knoll. Darunter war beispielsweise Michael Gruber, Hauptmann während der Schlacht bei Schladming im Jahr zuvor. Er kam ohne größere Bestrafungen davon. Ab dem Frühjahr 1526 führte er die Truppen des Erzbischofs gegen die Aufständischen an. Bei der Belagerung von Radstadt im zweiten Salzburger Bauernkrieg gelang es den Bauern und Bergleuten nicht mehr, die dortige Stadtbevölkerung auf ihre Seite zu ziehen: Die Tore von Radstadt blieben geschlossen – ein Wendepunkt in der Geschichte der Salzburger Bauernkriege.

In Folge von Verhandlungen mit dem Landesherrn wurden nur geringe Teile der Forderungen der Bauern und Bergleute umgesetzt. „Auf der anderen Seite hat Lang versucht, nun stärker gegen die Reformation vorzugehen. Es ist also ein ambivalentes Erbe", fasst Knoll zusammen. Spuren des Konflikts sind bis heute in Salzburg zu erkennen – etwa mit einem Blick hinauf zur Festung Hohensalzburg.

19

Flucht im Namen Gottes

Wie 20000 Protestantinnen und Protestanten vertrieben wurden

Vor fast 300 Jahren wanderte ein Fünftel der Salzburger Bevölkerung aus – vor allem nach Ostpreußen. Es war eine Flucht vor religiöser Intoleranz.

Der Pongau und Bielefeld haben nicht viel gemeinsam. Das möchte man zumindest meinen. Doch es gibt etwas, das die deutsche Stadt in Nordrhein-Westfalen mit dem Salzburger Bezirk verbindet: Es ist die Geschichte der Vertreibung der Salzburger Protestanten, eines der dunkelsten Kapitel der Vergangenheit. Sie ist der Grund, warum die Deutsche Margot Bergmann eine Expertin im Bereich Ahnenforschung ist. Bergmann ist Vizepräsidentin des „Salzburger Vereins" mit Sitz in Bielefeld und hütet eine Bibliothek, die voller Urkunden, Akten und Stammbäume ehemaliger Salzburger Familien ist – die meisten davon aus dem Pongau, viele aber auch aus dem Pinzgau. Der Salzburger Verein ist ein Zusammenschluss von Nachfahren vertriebener Evangelischer, die 1731 und 1732 das Erzstift verlassen mussten und Hunderte Kilometer nördlich neu ansiedelten. „Auch ein Teil meiner Familie kommt aus dem Pongau", betont Bergmann. Dafür hat ihre Familie lange Nachforschungen betrieben. Mittlerweile hat sie in Erfahrung gebracht, dass sie von den Pilzeckers aus St. Johann abstammt.

Mehr als 20 000 Salzburgerinnen und Salzburger, die meisten davon aus dem Innergebirg, verließen damals ihre Heimat. Nicht freiwillig, wie Tillmann Knopf berichtet. Er ist evangelischer Pfarrer in der Christuskirche in Salzburg und hat sich ebenfalls intensiv mit der Geschichte der Protestanten beschäftigt: „In dieser Zeit kamen zwei Dinge zusammen. Zum einen war das Zeitalter der Aufklärung nicht weit. Die Evangelischen hatten das Gefühl, sie könnten endlich etwas wagen. Zum anderen war Fürsterzbischof Firmian erst kurze Zeit im Amt und wollte sich profilieren." Der Protestantismus war dazumal

Paul Decker, Johann Jakob Kleinschmidt: Emigration der Salzburger Protestanten, 1732. (Ausschnitt)

in Salzburg verboten – jedoch gab es gerade im Pinzgau und Pongau zahlreiche Gemeinden, die im Untergrund ihren Glauben auslebten. Martin Luthers Lehre war dort unter den Bergknappen in den Erz- und Salzbergwerken auf fruchtbaren Boden gefallen. „1731 schickten die evangelischen Salzburger Bauern einen Gesandten nach Regensburg, mit der Bitte, man möge ihnen jene Zugeständnisse machen, welche mit dem Westfälischen Frieden vereinbart worden waren." Das kam bei Fürsterzbischof Firmian nicht gut an, vielmehr wollte er dem Aufbegehren der Bauern ein Ende bereiten. Der Fürsterzbischof entschloss sich, die Salzburger Protestanten des Landes zu verweisen, sollten sie nicht zum Katholizismus konvertieren. „Ich bin überzeugt, dass Firmian die Sache unterschätzt hat", ist sich Tillmann Knopf sicher. Was der damalige Fürsterzbischof wohl nicht vorhersah, war, dass ab 1731 Abertausende Salzburger Protestanten das Land verlassen sollten. Im Pongau standen bald über 1 500 Höfe leer.

Dieses dunkle Kapitel der Salzburger Geschichte lässt sich noch heute an mehreren Stellen im Bundesland Salzburg festmachen. Eine davon ist in Schwarzach, wo in einem Wirtshaus 1731 der berühmte Salzbund geschlossen wurde – ein protestantischer Geheimbund. Doch auch im Pinzgau sind die Spuren der Vertreibung weiterhin sichtbar. Vor einem dieser Orte steht im Februar knapp 300 Jahre später der Pinzgauer Hermann Mayrhofer, Gründer des Leoganger Bergbau- und Gotikmuseums. Es ist eine im Winter von Schnee bedeckte Kapelle neben der Kollingwaldstraße auf der Höhe des Ritzensees bei Saalfelden. Im Inneren brennen Kerzen, von der Fassade des Kleindenkmals blicken Heilige, die in bunten Farben aufgemalt wurden. Die Kapelle steht dort bereits seit fast 300 Jahren. 1732 ließ sie eine Saalfeldner Bäuerin errichten – zur Erinnerung an ihren Mann. Dieser hatte sich den Protestanten angeschlossen und war mit ihnen nach Preußen gezogen. Mayrhofer weiß zum Schicksal der Familie: „Seine Frau, die Haslingbäuerin, blieb mit den Kindern zurück."

Auf ihrem Weg in Richtung Ostpreußen soll die Salzburger Protestanten ein Lied besonders ermutigt haben. Es ist das Auswanderlied mit dem Titel *Ich bin ein armer Exulant* von Joseph Schaitberger. Der evangelische Glaubensführer vom Dürrnberg wurde bereits 1686 des Landes verwiesen – also fast 20 Jahre vor den meisten Salzburger Protestanten. Benjamin Huber vom Keltenmuseum schreibt seine Dissertation über die Protestanten vom Dürrnberg und weiß Folgendes zu berichten: „Schaitberger verschickte von Nürnberg aus, wo er nach seiner Ausweisung lebte, sogenannte Sendbriefe an seine Glaubensbrüder. Das war essenziell, weil er sie damit daran erinnerte, standhaft zu bleiben."

Am Predigtstein am Dürrnberg trafen sich die evangelischen Salzburger damals in der Nacht und in den Morgenstunden, um heimlich den Gottesdienst zu feiern. Das ging so lange, bis sie 1732 ihre Heimat verlassen mussten und ins damalige Ostpreußen, nach Holland und in die USA auswanderten.

Neben Bielefeld gibt es deshalb auch im US-Bundesstaat Georgia einen Salzburger Verein. Regelmäßig reisen dessen Mitglieder in den Pongau. Und auch Margot Bergmann kommt immer wieder mit Vereinsmitgliedern nach Salzburg – und zwar nach Filzmoos. Eine Gemeinde, die noch heute manche Bielefelderinnen und Bielefelder ihre Heimat nennen.

20

„Zehntausende Soldaten starben“

Die größte militärische Auseinandersetzung auf Salzburger Boden

Im Dezember 1800 ließen Zehntausende Soldaten vor den Toren Salzburgs ihr Leben. Doch zur Katastrophe für die Bevölkerung sollte es erst kommen.

Eines kann man mit Gewissheit über die Schlacht am Walserfeld sagen: Das, was sich einst vor den Toren Salzburgs abspielte, war ein blutiges Gemetzel. 43 600 österreichische Soldaten trafen dort auf 60 000 Franzosen. Nach zwei Tagen des zähen Kampfes hatte der Feind Salzburg umzingelt. Von den insgesamt über 100 000 Soldaten waren schließlich nur mehr knapp 26 000 kampffähig.

Unter dem Gewicht ihrer Uniform aus grobem Lodenstoff, die bei Nässe immer schwerer wurde, stellten sich im Dezember 1800 die Salzburger Truppen zum Angriff in der Nähe der heutigen Autobahnkreuzung im Westen der Stadt Salzburg auf. Mittlerweile befindet sich an dieser Stelle ein Outlet-Shoppingzentrum. Das Hauptlager der Kaiserlichen war nur wenige hundert Meter entfernt. Thomas Mitterecker, der Leiter des Salzburger Diözesanarchivs, forschte für seine Dissertation zur Schlacht am Walserfeld und entdeckte im Landesarchiv sogar noch einen Fetzen Stoff der damaligen Soldatenkleidung. „Die Uniform war kratzig und stank, heute kann man sich das gar nicht mehr vorstellen."

Wie kamen die Salzburger Soldaten damals in eine so missliche Lage – umzingelt von den Feinden? Hintergrund sind die Koalitionskriege Napoleons. Der französische Kaiser führte dabei auch Krieg gegen Österreich. „Und zum ersten Mal kamen die Franzosen in eine Position, mit der sie auch gewinnen konnten", sagt Kurt Mitterer. Der Salzburger ist Experte für die Schlacht am Walserfeld und Obmann des Wehrgeschichtlichen Museums in der Schwarzenbergkaserne. Die französischen Soldaten führte ein General mit dem Namen Jean-Victor Moreau an. Dieser hatte es geschafft, die feindlichen Gruppen

Denkmal zur Schlacht am Walserfeld in der Salzburger Gemeinde Wals-Siezenheim.

zu täuschen. „Moreau hat erkannt, dass die Österreicher in ihrer Kriegsführung sehr unflexibel waren“, führt Mitterer aus.

Am 12. Dezember marschierten die beiden Großarmeen zwischen dem Walserberg und Laufen auf. Einen Tag später gelang den Franzosen durch eine List bei Laufen das Überschreiten der Salzach. Weitere Gefechte folgten am selben Abend und am folgenden Tag. Am 14. Dezember unterlagen die österreichischen Truppen in der finalen Schlacht auf dem heutigen Walserfeld bei Kleßheim, Liefering und dem Saalachspitz. Damit stand den Franzosen in Richtung Salzburg nichts mehr im Weg. Sie kesselten die Stadt ein. Auch die Einwohner von Wals, Gois und der umliegenden Orte litten damit freilich unter der Schlacht. „Ihre Häuser wurden geplündert, angezündet und von der Artillerie zerschossen.“

Salzburg war nun besetzt. Familien in der Stadt und auf dem Land mussten französische Soldaten aufnehmen. Was das für die Bevölkerung bedeutete, weiß Sabine Veits-Falk, Leiterin des Salzburger Stadtarchivs, zu berichten: „Es gab zum Beispiel strenge Vorgaben, wie die Salzburger die Soldaten zu verpflegen hatten.“ So hätten diese täglich ein Kilo Brot und ein halbes Kilo Fleisch bekommen sollen – für die meisten Salzburgerinnen und Salzburger zu dieser Zeit unmöglich. Neben den Privathäusern dienten auch die Kirchen als Notquartiere. Allein im Kloster St. Peter kamen über 9 000 Soldaten und 7 000 Pferde unter. „Schon anhand dieser Zahlen kann man sich vorstellen, dass das eine Riesenherausforderung für die Bevölkerung war.“

Das Priesterhaus in Salzburg wandelte die Stadtverwaltung in ein Spital um. Die sanitären Zustände dort waren katastrophal. „Deshalb gab es am 21. Dezember einen Aufruf an die Bevölkerung, Verbandsmaterial wie alte Lumpen und Stofffetzen zu spenden. Es finden sich zudem Aufzeichnungen von Ärzten, die sich nicht imstande sahen, Patienten auf dem dreckigen, strohbedeckten Boden des Spitals zu behandeln“, sagt Veits-Falk. „Operationen an Soldaten bedeuteten meist Amputationen. Die hygienischen Voraussetzungen waren dafür aber absolut unzureichend.“

Trotz der horrenden Zustände gerieten die Schlacht am Walserfeld und ihre Folgen für die Salzburger Bevölkerung mit den Jahren in

Vergessenheit. Das hatte einfache Gründe, weiß Kurt Mitterer. Dem Erzherzog sei demnach nichts daran gelegen gewesen, die schwere Niederlage der österreichischen Truppen publik zu machen: „Die Taktik der Österreicher in dieser Schlacht war gut, sie hätten gewinnen können. Die Truppen kämpften brav und willig."

Doch der Oberbefehlshaber, der zu dieser Zeit erst 18-jährige Erzherzog Johann, habe in seiner Unerfahrenheit fatale Entscheidungen getroffen. Trotz des Erfolgs geriet die Schlacht auch in Frankreich in Vergessenheit. Denn der bereits erwähnte französische General Moreau geriet nach der Eroberung Salzburgs mit Napoleon in einen Streit. „So haben auch die Franzosen nicht mehr von der Schlacht berichtet und sie geriet fast 200 Jahre in Vergessenheit."

21

Ein „vergessener" Friedhof

Als in Grödig Russen begraben wurden

Vor über 100 Jahren existierte in Grödig eine Barackenstadt. Dort lebten mehr Menschen als in der damaligen Stadt Salzburg.

Auf dem Goiser Hügel in Grödig reiht sich ein Grab an das nächste. Hüfthohe Steinkreuze bilden eine Linie die Anhöhe hinauf. Etwa 17 000 Verstorbene sollen hier beerdigt worden sein. Doch das ist Geschichte: Bestattet wurde auf dem Hügel schon lange niemand mehr. Die Kreuze selbst tragen zumeist keine Inschriften. Besucherinnen und Besucher des Friedhofs werden stattdessen – wenige Meter nachdem sie durch das Eingangstor gegangen sind – auf einen Gedenkstein aufmerksam. Kyrillische Schriftzeichen auf diesem deuten auf den Tod von Tausenden Kriegsgefangenen und Zivilisten in Grödig hin.

Dort, wo sich heute in der Nähe der Berchtesgadener Straße in der Flachgauer Gemeinde eine Wohnsiedlung befindet, war vor hundert Jahren ein Kriegsgefangenenlager, in dem mehr Menschen lebten als zu dieser Zeit in der Stadt Salzburg. Das Lager wurde nach Kriegsende wieder abgebaut – der dazugehörige Friedhof ist geblieben. „Zehntausende Soldaten und Zivilistinnen und Zivilisten waren hier während des Ersten Weltkriegs untergebracht", sagt Oskar Dohle, Direktor des Landesarchivs in Salzburg. „Plötzlich gibt es einen jahrelangen Krieg. Einen Krieg, in dem die Schlacht nicht an einem Entscheidungsort passiert. Millionen Kriegsgefangene waren wiederum die Folge der verlustreichen Kämpfe. Diese konnten nicht innerhalb von ein paar Wochen wieder in die Heimat zurückkehren."

Wo sollten all diese verwundeten und geschwächten Soldaten untergebracht werden? Zunächst habe man versucht, die Gefangenen in leerstehenden Kasernen unterzubringen. Doch diese reichten schnell nicht mehr aus. „Sehr bald kam man hier an eine Grenze", berichtet der Historiker. Bereits im Dezember 1914 wurde deshalb begonnen, ein Lager in Salzburg zu planen. Im Jänner startete der Bau einer

Der auch als „Russenfriedhof" bekannte Lagerfriedhof in der Marktgemeinde Grödig (Flachgau).

Barackenstadt bei Grödig – umrandet von Wachtürmen und Stacheldrahtzaun. Warum errichtete man diese gerade dort? „Das lag vor allem an der Nähe zur Eisenbahn, der Roten Elektrischen. Kriegsgefangene und Zivilisten konnten leicht in das Lager gebracht werden." In Österreich entstanden Kriegsgefangenenlager wie jene in Grödig und Mauthausen, weil diese damit fernab der Fronten waren, erklärt Oskar Dohle. „Es bestand keine Gefahr, dass es hier zu Eroberungen von feindlichen Truppen kommen würde. Anders wie zum Beispiel in Ostpolen."

Das Lager in Grödig war eines der größten seiner Art in ganz Europa. Es war für 45 000 Personen ausgelegt – für Soldaten, Geflüchtete sowie die zwangsweise „evakuierte" und vertriebene Zivilbevölkerung, darunter auch Frauen und Kinder, zumeist aus den östlichen Provinzen der Habsburgermonarchie. Zum Vergleich: Die Stadt Salzburg zählte im Jahr 1910 etwa 36 200 Einwohnerinnen und Einwohner. In Grödig leben heute rund 7 300 Menschen. „Das Lager in Grödig war eine Großstadt auf kleinster Fläche", unterstreicht der Historiker. Auf 53 Hektar reihte sich Baracke an Baracke. Die meisten der hier untergebrachten Personen waren Russen – bis heute wird das Lager im Volksmund als „Russenlager" bezeichnet. Tatsächlich lebten dort Menschen verschiedener Nationalitäten auf engstem Raum. „Hier waren auch Serben, Polen, Ukrainer und Italiener untergebracht."

Im Lager war die Versorgung stets knapp. Die Gendarmeriechronik zeige, wie prekär die Lebensverhältnisse gewesen sein mussten, sagt die Historikerin und Ehefrau des Archivleiters, Gerda Dohle. Sie hat sich eingehend mit den Aufzeichnungen beschäftigt. „In der Chronik ist auch festgehalten, wie sich die Stimmung der Salzburger Bevölkerung nach Kriegsbeginn veränderte." So ist in einem Eintrag vom 6. August 1914 zu lesen: „In der Bevölkerung machten sich Angstzustände bemerkbar und jedem Unsinn wurde Glauben geschenkt." Am 1. Juli 1917 vermerkte die Gendarmerie: „Weitere Einschränkungen und rationierte Lebensmittel. [...] Die Einhaltung dieser schon ans Unmögliche grenzenden Einschränkungen zu überwachen, gestaltete sich bei den schon sehr erregten Gemütern der Bevölkerung oft sehr schwer."

Nachdem sich während des Ersten Weltkriegs in anderen Kriegsgefangenenlagern immer wieder Infektionskrankheiten ausgebreitet hatten, habe man hier dazugelernt, schildert Gerda Dohle: „Im Winter 1914/15 machte man Erfahrungen mit Massenerkrankungen in anderen österreichischen Lagern." So infizierte sich im März 1915 der Linzer Bischof Rudolph Hittmair mit Flecktyphus – bei der Salbung von Erkrankten im Lager Mauthausen. Er starb nur wenige Tage später. „Da hat man erkannt, dass die Kapazitäten in anderen Lagern erschöpft sind und Kriegsgefangene adäquat untergebracht werden müssen."

Damit entstand in Grödig eine Barackenstadt mit einer entsprechenden Infrastruktur. „Dazu gehörten auch eine entsprechende Wasserversorgung, eine Kanalisation, eine Feuerwehr, Werkstätten und die Lebensmittelversorgung", sagt Landesarchivdirektor Oskar Dohle. Aber dennoch: Auch im Lager in Grödig starben Tausende zumeist infolge von Infektionskrankheiten. Bestattet wurden sie in Massengräbern auf dem eigenen Friedhof auf dem Goiser Hügel, der noch heute, mehr als hundert Jahre später, an die Größe des einstigen Lagers und die einst dort untergebrachten Menschen erinnert.

22

Der „Prinz Harry von Siezenheim“

Ein nach Kleßheim verbannter Habsburger

Als Lebemann in die Einsamkeit – Erzherzog Ludwig Viktor verbrachte seine letzten Jahre isoliert im Winterschloss.

Die Fenster sollen vergittert gewesen sein. Nur noch in drei Räumen habe er sich aufhalten dürfen. Der Zugang zu ihm sei erschwert gewesen, heißt es in Berichten. Der einst schillernde Erzherzog Ludwig Viktor, der für Feste und Geselligkeit bekannt war, lebte in den Jahren vor seinem Tod abgeschieden in seinem Winterschloss in Kleßheim.

In Salzburg ist das Gebäude in Wals-Siezenheim nur noch als Kavalierhaus bekannt, in dem heute Veranstaltungen wie Hochzeiten stattfinden. Der jüngste Bruder von Kaiser Franz Joseph ließ das Schloss ab 1881 von Heinrich von Ferstel für die kalte Jahreszeit erbauen. Denn Ludwig Viktor verbrachte immer mehr Zeit im Schloss Kleßheim anstatt in seinem Palais am Schwarzenbergplatz in Wien. Zunächst noch freiwillig. Im Jahr 1866 kaufte der Kaiser das Schloss und schenkte es seinem Bruder. „Das war ein Glücksfall für den Erzherzog", sagt Roswitha Juffinger. Die Kunsthistorikerin ist ehemalige Leiterin der Residenzgalerie Salzburg. Im Jahr 2019, zum 100. Todestag von Ludwig Viktor, kuratierte sie eine Ausstellung zu seinem Leben und Wirken in Kleßheim. „Der Erzherzog war in ein strenges Protokoll mit wenig Freiraum eingebunden. Er hat für sich versucht, eine Position zu finden und für sich ein eigenes Leben aufzubauen." In Salzburg konnte er ungestört seine Neigungen ausleben: „Und das Schloss eignete sich für große Feste, die er dort gegeben hat."

Es war ein offenes Geheimnis, dass der Erzherzog homosexuell war. So sollen Offiziere zum Schwimmen nach Kleßheim geladen worden sein, bis es ihnen vom Militär verboten wurde, wie Katrin Unterreiner in ihrem Buch *Luziwuzi* schreibt. In der Wiener Gesellschaft galt Ludwig Viktor als exzentrisch, zynisch und intrigant. So hat sich auch seine Schwägerin Kaiserin Elisabeth nach anfänglicher Freundschaft von ihm abgewandt und ihn in Gedichten als „Luder" und „äffisch' Wesen" bezeichnet.

Das Kavalierhaus im Park des Schlosses Kleßheim.

Bis zur Jahrhundertwende achtete sein Obersthofmeister Graf Wimpffen darauf, dass Skandale geheim blieben. Danach wurden mehrere Eskapaden öffentlich. Höhepunkt war ein Vorfall im Jahr 1904 im Wiener Centralbad. Ludwig Viktor soll sich einem Mann ungebührlich genähert und von diesem eine „schallende Ohrfeige" erhalten haben, wie es in der *Arbeiterzeitung* hieß. Man geht davon aus, dass dies eine Intrige seines Neffen, Thronfolger Franz Ferdinand, war. Dieser habe sich rächen wollen, weil Ludwig Viktor seine nicht standesgemäße Ehe mit Sophie Chotek nicht unterstützte. So machte er sich seinen Neffen, mit dem er zuvor ein gutes Verhältnis hatte, zum Feind. Personen aus Franz Ferdinands Umfeld brachten die Geschichte, die sich im Bad zugetragen haben soll, an die Öffentlichkeit und gingen direkt zum Kaiser. Der Erzherzog wurde daraufhin nach Salzburg verbannt, seine restlichen Habseligkeiten kamen nach Kleßheim. „Er wurde von der Liste der Militärs gestrichen, durfte nur Zivilkleidung tragen", heißt es in der *Arbeiterzeitung*. Juffinger erkennt hier eine Parallele zum Zwist im britischen Königshaus im 21. Jahrhundert: „Es ist so wie bei König Charles und seinem Sohn Harry. Der benimmt sich nicht so, wie das Königshaus sich das vorstellt. Aber letztlich bleibt er sein Sohn. Und Ludwig Viktor blieb trotz allem der Bruder von Kaiser Franz Joseph."

In Salzburg dagegen war Ludwig Viktor ein gern gesehener Nachbar, Förderer der Künste und „Wirtschaftsfaktor", wie es Juffinger beschreibt: „Feste kann man nur feiern, wenn man jemanden einlädt. Er hat Arbeitsplätze geschaffen und für die Veranstaltungen ist regional eingekauft worden." Noch heute erzählt man sich, dass „Luziwuzi" bei Ausfahrten Süßigkeiten an Kinder verteilt habe. Nach dem „Jahrhunderthochwasser" im Jahr 1899 (siehe dazu auch Kapitel 16) gab er eine Wohltätigkeitsveranstaltung für die Flutopfer. Und er spendete Geld aus seiner Privatschatulle für den Bau des Künstlerhauses in Salzburg. Wie aus der Schulchronik hervorgeht, hat Ludwig Viktor der Volksschule Siezenheim im Jahr 1907 ein Tafelklavier geschenkt. Dieses wurde im Jahr 2019 restauriert und ist bis heute in der Bachschmiede ausgestellt.

Die letzten Lebensjahre verbrachte der Erzherzog, der an Demenz litt, abgeschieden. Er wurde im Jahr 1915 unter Kuratel von Erzherzog Eugen gestellt. Zwei Monate nach dem Ende der Monarchie verstarb Ludwig Viktor am 18. Jänner 1919 mit 76 Jahren in Kleßheim. Begraben wurde er nicht in der Kapuzinergruft in Wien, sondern, wie er es sich gewünscht hatte, am Friedhof in Siezenheim. Auf seinem Grabstein, der an der Ostseite der Siezenheimer Pfarrkirche zu finden ist, steht geschrieben: „Meinem Kaiser Dank! Die Seele Gott in Buß und Reue, der starren Erde meine Hülle, dafür was sie mir einst im Leben, den Dankesgruß an meine Freunde, und all den Blinden mein Vergeben, die unverdient mir etwa Feinde." Wie er es verfügt hatte, wurden seine Papiere und handschriftlichen Notizen sowie auch Geschäftsbücher nach dem Tod verbrannt. Seine Erben verkauften die meisten Habseligkeiten. So gingen Schloss Kleßheim und das Winterschloss an das Land Salzburg. Die heutige äußere Erscheinung sowie die Bezeichnung des Winterschlosses als „Kavalierhaus" stammen aus der Zeit des Nationalsozialismus.

Zweiter Weltkrieg und Nationalsozialismus

23

Das „Gästehaus des Führers“

Als Schloss Kleßheim der Empfangssalon des Deutschen Reiches war

Adolf Hitler empfing auf Schloss Kleßheim Machthaber wie Benito Mussolini. Für den Umbau sind auch Zwangsarbeiter eingesetzt worden.

Die Italiener hätten sehr gute Arbeit geleistet – das meldete man dem „Führer" persönlich. Sie seien dazu erzogen worden, sogar „im Bombenhagel weiterzuarbeiten und sich gegen feindliche Luftangriffe selbst zu verteidigen". Diese Aussagen Adolf Hitlers über die italienischen Zwangsarbeiter stammen aus einem Gespräch mit dem italienischen faschistischen Diktator Benito Mussolini auf Schloss Kleßheim im April 1944. Es war eines von drei Treffen der beiden Machthaber in Salzburg.

Der Umstand, dass an den umfassenden Umbauarbeiten an Schloss Kleßheim zum „Gästehaus des Führers" und dem angrenzenden Kavalierhaus neben regulären Arbeitern auch Zwangsarbeiter aus sechs Nationen und sowjetische Kriegsgefangene beteiligt waren, ist bislang kaum bekannt. Cassandra Burgstaller, Studienassistentin am Fachbereich Geschichte an der Universität Salzburg, hat sich mit dem dunklen Kapitel der Schlossgeschichte beschäftigt: „Aus den Unterlagen, die in den Archiven erhalten sind, geht hervor, dass etwa 1 000 Arbeiter und Zwangsarbeiter eingesetzt und ausgebeutet wurden. Sie stammten aus Italien, Polen, Ukraine und Österreich. Untergebracht waren sie in Dachböden der Nebengebäude und in Baracken im Schlosspark."

Mussolini war im Jahr 1942 auch der erste ausländische Staatsgast, der nach Kleßheim eingeladen wurde. Die Umbauarbeiten waren noch nicht beendet, weshalb der Befehl erteilt wurde, die Baracken ab- und außerhalb der Schlossmauern wieder aufzubauen. Es sind keine Selbstzeugnisse der Arbeiter überliefert. Aber aus der Korrespondenz zwischen Lagerleiter und Reichsstatthalter geht hervor, dass die Unterbringung katastrophal gewesen sein muss, wie Burgstaller

Schloss Kleßheim, ein heute gerne übersehenes Machtzentrum zur Zeit des Nationalsozialismus.

berichtet: „Die Bade- und Waschanlage war in unbrauchbarem Zustand. Die Arbeiter litten an Krankheiten und Ungeziefer. In der Baracke gab es kaputte Türen und fehlende Glasscheiben, die erst inmitten des Winters 1945 ausgetauscht wurden."

In zwei Umbauphasen, die die Kunsthistorikerin Imma Walderdorff umfassend aufgearbeitet hat, wurden die Schlossanlagen maßgeblich verändert. Man legte die Zufahrtsstraße mit weitläufigem, symmetrischem Garten, wie sie heute noch existiert, an. Ebenso wurden Pförtnerhäuser, das Schlossportal und zwei Luftschutzbunker errichtet. Der Bau eines dritten konnte bis Ende des Kriegs nicht abgeschlossen werden. Die Bezeichnung „Gästehaus des Führers" war ab dem 18. November 1940 offiziell für das Schloss Kleßheim zu verwenden, wie in einem Schreiben an das Reichsbauamt zu lesen ist. Das Winterschloss, das einst Erzherzog Ludwig Viktor erbauen ließ, durfte fortan nur noch als „Kavalierhaus" bezeichnet werden. Diesen Namen trägt es bis heute.

Bereits 1938 war Joseph Goebbels, Reichsminister für Volksaufklärung und Propaganda, auf Schloss Kleßheim aufmerksam geworden: „Es bot den idealen Rahmen für Empfänge während der Salzburger Festspiele. Und es war durch die hohen Schlossmauern gut geschützt", wie Burgstaller schildert. Dennoch sind die Sicherheitsvorkehrungen mit Fortschreiten des Kriegs immer wieder verschärft worden: „Konnte die Bevölkerung im Jahr 1939 noch Eintrittskarten für das Schloss erwerben, waren 1942 spezielle Ausweise für den Zutritt nötig. Ab 1944 waren sogar fotografische Aufnahmen von dem Gebäude verboten. In der Presse durfte das Schloss nicht mehr erwähnt werden, auch nicht, ob und wann sich Hitler in Kleßheim aufhielt." Obwohl Hitler auch in den nur etwa 30 Kilometer entfernten Berghof am Obersalzberg Verbündete zu diplomatischen Treffen lud, suchte man nach einem Ort in „weniger intimer Atmosphäre", sagt Burgstaller. Schloss Kleßheim wurde somit zum „Empfangssalon des Reiches" und immer wieder zum „Zentrum der Machtpolitik", wie es in der Literatur beschrieben wird.

Der Historiker Ernst Hanisch schildert in seiner Publikation *Lustschloss Kleßheim* einen dramatischen Besuch von Miklós Horthy im Jahr 1944. Als Hitler Horthy einlud, war der Plan zur Besetzung

Ungarns unter dem Decknamen „Margarethe“ bereits fertig ausgearbeitet. Hitler konfrontierte das ungarische Staatsoberhaupt mit dem Vorwurf des Verrats und drohte ihm. Horthy weigerte sich, der Besetzung zuzustimmen, und wollte abreisen. In der Folge täuschten die Nationalsozialisten einen Luftangriff auf Salzburg vor und nebelten das Schloss Kleßheim ein. Während Horthy festsaß, erteilte Hitler den Befehl zum Einmarsch in Ungarn.

Im selben Jahr wäre es in Kleßheim beinahe zu einem Anschlag auf Adolf Hitler gekommen. Am 7. Juli 1944 wurden im Schloss die neuen Wehrmachtsuniformen präsentiert. Die Veranstaltung war zuvor bereits einmal verschoben worden. Generalmajor Hellmuth Stieff, der mit seiner Frau in Thalgau im Flachgau eine Villa bewohnte, sollte den Sprengsatz anbringen. Aber er setzte den Plan nicht um. Bei seiner späteren Aussage vor dem Volksgerichtshof äußerte Stieff, er habe das Attentat abgelehnt. Am 20. Juli 1944 sollte Oberst Claus Schenk Graf von Stauffenberg die Ladung dann schließlich im Führerhauptquartier Wolfsschanze in Ostpreußen zünden. Alle Beteiligten – auch Stieff, der die Spuren seiner Mitwirkung noch verwischen wollte – wurden hingerichtet.

Nach dem Zweiten Weltkrieg ging Schloss Kleßheim wieder an das Land Salzburg. Seit 1993 befindet sich das Spielcasino der Casinos Austria in dem Gebäude. Ein Schild außerhalb der Schlossmauern erinnert an das NS-Kapitel der Geschichte des Hauses. Das sei zwar zu begrüßen, sagt Historikerin Cassandra Burgstaller. Doch kritisiert sie, dass der breiten Öffentlichkeit wichtige Informationen vorenthalten werden: „Von den Zwangsarbeitern und Kriegsgefangenen, die für den Umbau eingesetzt worden sind, ist nichts zu lesen. Es wäre wichtig, über die Rolle des Hauses für die Nationalsozialisten, aber auch über die Menschen aufzuklären, die unter widrigsten Bedingungen das Schloss in den Zustand gebracht haben, in dem wir es heute noch vorfinden.“

24

Eine Nacht der Verwüstungen

Novemberpogrome in Salzburg und Bad Gastein

In der Nacht von 9. auf 10. November 1938 wurden nicht nur jüdische Geschäfte zerstört – für viele Familien markierte die Reichspogromnacht das Ende ihres bisherigen Lebens in Salzburg.

„Do hom's an Bledsinn g'mocht, die Lebensmittel beim Fenster obig'schüttet" – so erinnert sich ein Zeitzeuge, damals Hilfsarbeiter und Sozialdemokrat, an die Nacht in Bad Gastein im Jahr 1938. Im Hotel Bristol, das im Besitz der polnisch-jüdischen Familie Kokisch war, kam es vom 9. auf den 10. November zu Verwüstungen durch Männer der nationalsozialistischen Sturmabteilung (SA). Die Zeugenberichte hat der Lokalhistoriker Laurenz Krisch in dem Buch *Zersprengt die Dollfußketten* über die NS-Zeit in Bad Gastein festgehalten. Auch das Kurhaus Cäcilia, das Kurhaus Dr. Wassing, die Villa Hatschek, das Zahnatelier Süß, die Geschäfte Steininger, Posele, Horowitz und Rosenberg „blieben nicht unverschont", wie in der *Salzburger Volkszeitung* am Folgetag geschrieben stand.

Die Ausschreitungen in Bad Gastein – aber auch in Hallein und in der Gauhauptstadt Salzburg – vollzogen sich im Kontext der Reichspogrome, die sich zwischen dem 7. und 13. November 1938 im gesamten Deutschen Reich gegen jüdische Gewerbetreibende gerichtet hatten. Als Grundlage diente den Nationalsozialisten das Attentat des Juden Herschel Grynszpan auf den deutschen Diplomaten Ernst Eduard vom Rath in Paris. Man sprach vom „Volkszorn", der sich darauf gegen die „jüdische Verschwörung" aufgelehnt haben soll. Dabei waren es überwiegend Männer der SA, die Schaufenster und Mobiliar zerschlugen und Synagogen in Brand steckten. Auch die Synagoge in der Lasserstraße in der Stadt Salzburg wurde verwüstet. „Sie ist nur deshalb vom Feuer verschont worden, weil sie sich zwischen zwei nicht jüdischen Häusern befand", sagt Helga Embacher, Historikerin und Professorin für Zeitgeschichte an der Universität Salzburg. Doch nicht nur Glas wurde zerschlagen, die von den Nationalsozialisten als „Reichskristallnacht" bezeichneten Ereignisse markierten einen

Die im Zuge der Ausschreitungen zerstörte Synagoge in der Stadt Salzburg.

Wendepunkt in der antijüdischen Politik. Im Bundesland Salzburg wurden 60 bis 70 Männer verhaftet, viele ins Konzentrationslager gebracht, Familien zum Ausreisen gezwungen. „Jüdinnen und Juden waren zu dem Zeitpunkt bereits aus der Gesellschaft ausgeschlossen, viele Betriebe waren ‚arisiert'", schildert Embacher. „Mit der Reichpogromnacht wollte man vermitteln: Wir wollen euch loswerden! Doch die Grenzen waren für sie bereits geschlossen, eine Ausreise war nur schwer möglich."

Die Ausmaße der Zerstörungen in der Stadt Salzburg sind durch den Pressefotografen Franz Krieger dokumentiert. Aufnahmen zeigen zerschlagene Schaufenster in der Rainerstraße, der Linzer Gasse und der Getreidegasse. Man sieht die Geschäftsfrauen Anna Pollak und Therese Spiegel beim Aufräumen am Morgen danach. Beide Frauen wurden später im Konzentrationslager ermordet. Am 12. November 1938 erklärte sich das Land Salzburg schließlich als „judenrein". Alle, die bis dahin noch nicht geflohen waren, wurden nach Wien überstellt.

Anders war es im Tourismus- und Kurort Bad Gastein. Zu dem Zeitpunkt, als in dem koscher geführten Hotel Bristol und den anderen Liegenschaften randaliert wurde, waren längst keine Jüdinnen und Juden mehr im Ort. Die Familie Kokisch hatte lange um den Erhalt ihres Hotels gekämpft. Der Historiker Albert Lichtblau hat sich mit den „Arisierungen" in Salzburg beschäftigt: „Da die Kokischs die polnische Staatsbürgerschaft besessen hatten, war es den Nationalsozialisten nicht möglich, das Vermögen einfach einzuziehen. Auf die Familie wurde Druck ausgeübt, etwa mit der Drohung, das Thermalwasser für das Hotel zu sperren, wenn sie das Haus nicht verkaufen." Am 15. Juli 1938 kam es zu einem Treffen zwischen dem Bürgermeister von Bad Gastein, Josef Wörther, zwei nicht namentlich genannten Männern vom Arbeitsdienst, die das Hotel erwerben wollten, und Amalie und Hulda Kokisch. Wie dem Gesprächsprotokoll zu entnehmen ist, merkte Bürgermeister Wörther an: „Ich muss Ihnen ja sagen, dass ich persönlich nichts gegen Sie habe. [...] Sie haben eben das Unglück von jüdischer Rasse zu sein." Darauf entgegneten die Frauen: „Herr Bürgermeister, das ist für uns kein Unglück, sondern ein Glück." Für Albert Lichtblau zeugt diese Antwort von Mut: „Das musste man sich erst einmal trauen zu diesem Zeitpunkt." Die Familienmitglieder mussten das Hotel schließlich verkaufen. Am 29. Oktober 1938 erhielten sie den Ausreisebefehl von der Polizei und der SA ausgehändigt, noch am selben Tag wurden sie abgeführt und ins Polizeigefängnis Salzburg verbracht. Ihnen gelang letztlich die Flucht nach Chile. Wie viele jüdische Überlebende sind auch die Kokischs nicht nach Salzburg zurückgekehrt.

In dem Tourismus- und Kurort Bad Gastein waren jüdische Gäste schon lange vor 1938 Anfeindungen ausgesetzt und wurden bereits ab 1933 durch deutsche Gäste ersetzt, wie die Judaistin Rachel Blumenthal schildert. Sie forscht zur jüdischen Geschichte Bad Gasteins. Ihr Schwerpunkt liegt dabei auf den Flüchtlingslagern in Salzburg und Oberösterreich ab 1945, sogenannten Displaced-Person-Camps („DP-Camps"). In Bad Gastein waren laut Blumenthal in fünf Hotels von Oktober 1945 bis September 1947 bis zu 2000 Männer, Frauen und Kinder, überwiegend aus Polen, Rumänien, Tschechien oder Ungarn, untergebracht.

Die Stimmung in Bad Gastein in der Nachkriegszeit war angespannt. Es kam abermals zu antisemitischen Anfeindungen gegenüber den jüdischen Überlebenden, so wollte man ihnen zum Teil keine Lebensmittel in den Geschäften verkaufen oder sie wurden als „Judenschweine" oder „Hitlers Unvollendete" beschimpft. Andere erinnerten sich mit Wohlwollen an ihre Zeit in Bad Gastein, einem „Winterwonderland", zurück – so etwa die Auschwitz-Überlende Bella P., Jahrgang 1928, der die „wundervolle Gegend und die schönen Hotels" im Gedächtnis geblieben sind. Ab 1948 gingen die meisten dieser Jüdinnen und Juden nach Israel, sobald ihnen das im neu gegründeten Staat möglich war. Historikerin Helga Embacher beschreibt die Geschichte der Salzburger jüdischen Bevölkerung nach 1945 folgendermaßen: „Nur wenige sind geblieben oder aus dem Exil zurückgekehrt. Das jüdische Leben, wie es vor 1938 war, ließ sich nicht wieder neu aufbauen."

25

„Ins Feuer werf' ich dieses Buch"

In Thalgau und Salzburg brannten Hunderte Druckwerke

Bei dem Ereignis in Thalgau handelt es sich – nach dem Fanal am 30. April 1938 auf dem Salzburger Residenzplatz – um die zweite groß angelegte öffentliche Bücherverbrennung auf dem heutigen Gebiet Österreichs.

Ein Gasthaus mit Biergarten hieß die Leute willkommen. Ein Schießstand lud zum Zeitvertreib. Und Vereine feierten auf der sogenannten Festwiese im Flachgauer Ort Thalgau. Der Schörghubbühel nördlich des Ortszentrums war ein Platz der Zusammenkunft. Zur Wintersonnwende am 21. Dezember 1938 wurde auf dem Hügel wertvolles Kulturgut vernichtet. Mehr als 800 Bücher aus der Gemeindebibliothek wurden von Abordnungen der Schutzstaffel (SS), der Hitlerjugend und der Sturmabteilung (SA) verbrannt. Initiiert hatte das Ereignis der damalige Oberlehrer und bekennende Nationalsozialist Alois Behensky. In der *Salzburger Zeitung* wurde Folgendes über die Bücherverbrennung in Thalgau berichtet: „Feuersprüche wurden von den einzelnen Vertretern der Parteimitglieder vorgetragen. Das Fähnlein des ehemaligen katholischen Burschenvereins und Hetzschriften wurden feierlich den Flammen übergeben." Wie viele Thalgauer sich daran beteiligten, ist nicht überliefert. Der damalige Thalgauer SS-Führer Hans Hasenschwandtner hielt fest: „Obwohl es sehr kalt war, hatten sich zahlreiche Parteimitglieder und alle Verbände am Dorfplatz eingefunden und mit Fackeln marschierten wir zum Schörghubbühel." Heute ist von dem Platz nichts mehr übrig. Der Hügel wurde in den 1950er-Jahren abgetragen und nun verläuft dort die A1 Westautobahn.

Der mittlerweile verstorbene Lokalchronist und ehemalige Pädagoge Bernhard Iglhauser hat in einem umfangreichen Band die Geschichte Thalgaus von 1914 bis 1945 aufgearbeitet. In einem Interview etwa ein Jahr vor seinem Tod 2022 beschrieb er die Recherchen. Zehn Jahre lang habe er Gespräche mit Zeitzeuginnen und Zeitzeugen, mit

Blick vom einstigen Schörghubbühel bei Thalgau, Schauplatz einer großen Bücherverbrennung während der NS-Zeit.

Akteurinnen und Akteuren aus der NS-Zeit geführt. Zu Beginn hätten viele nicht über die Ereignisse sprechen wollen: „Die ersten fünf Jahre wurde ich belogen und betrogen. Erst als ich Fotos vorgelegt oder sie mit Aussagen von anderen konfrontiert habe, sind einige mit der Wahrheit herausgerückt." So etwa, wenn es um den Empfang Adolf Hitlers in Salzburg am 6. April 1938 ging: „Zuerst hieß es, dass niemand aus Thalgau dabei gewesen sei. Doch dann habe ich eine Fotografie entdeckt, die Hunderte Bürger auf dem Thalgauer Bahnhof zeigt, wartend auf den Sonderzug nach Salzburg." Darauf hätten ihm mehrere bestätigt: „Thalgau war an dem Tag wie ausgestorben, weil alle nach Salzburg gefahren sind."

Dabei habe es die NSDAP in dem Ort mit damals knapp 2 000 Einwohnerinnen und Einwohnern schwer gehabt, wie Iglhauser schilderte: „Thalgau war eine christlich geprägte Gemeinde. Die Macht des Dechants war groß." Getragen wurde die Partei vom bürgerlichen Lager, führende Kräfte waren verarmte Händler. Die wirtschaftliche Lage in den 1930er-Jahren war schwierig. „Mir war es wichtig, auch auf die Zeit vor 1938 einzugehen, um zu veranschaulichen, was viele Menschen zum Nationalsozialismus getrieben hat."

Bei der Bücherverbrennung in Thalgau wurde beinahe der gesamte Bestand der Ortsbibliothek vernichtet. Am 30. April 1938 hatte man auf dem Residenzplatz mehr als 1 200 Werke ins Feuer geworfen. Zwei Tage vorher, am 28. April 1938, war die Veranstaltung im *Salzburger Volksblatt* angekündigt worden: „Es muss alles im Sinne der kulturellen und geistigen Gebiete ausgerichtet werden im Sinne der Bewegung des ‚Führers'", hieß es da. Die Salzburgerinnen und Salzburger wurden aufgerufen, „jüdische Bücher" auszusortieren. Gelistet waren 50 Autorinnen und Autoren, darunter Arthur Schnitzler, Else Lasker-Schüler, Stefan Zweig, Franz Werfel und viele mehr.

Doch was heißt das für die Gesellschaft, wenn Buchseiten brennen? Der Germanist Karl Müller findet klare Worte: „Das bedeutet Gedächtnisvernichtung. Ohne Bücher wären wir eine erinnerungslose Gesellschaft, mit der man alles machen kann." In dem Zusammenhang wird gerne aus Heinrich Heines *Almansor* aus dem Jahr 1821 zitiert: „Das war ein Vorspiel nur, dort wo man Bücher verbrennt, verbrennt man auch am Ende Menschen." Im Werk bezieht es sich auf die Zwangsbekehrung durch die spanische Inquisition um 1500, als angeordnet wurde, sämtliche Bücher der Muslime samt aller Koranexemplare zu verbrennen. Dies verdeutlicht: Bücher zu verbrennen hat eine lange Tradition und wurde nicht erst von den Nationalsozialisten erfunden. Bis heute werden Werke verbrannt, etwa in der Türkei, Afghanistan oder Polen. „Bei allen Bewegungen, die den Anspruch erheben, alle Lebensbereiche neu auszurichten, wird es gefährlich", warnt Müller. Umso wichtiger sei es, wiederholt daran zu erinnern.

Für den Chronisten Bernhard Iglhauser galt die Geschichte der NS-Zeit in Thalgau beinahe als restlos aufgearbeitet. Nur wenige Puzzleteile würden noch fehlen. Die dunklen Kapitel der eigenen Heimat aufzudecken beschrieb er als „einen Ritt auf der Rasierklinge." Eine Woche nach Erscheinen seines Buches habe er sich nicht in den Ort getraut. Dabei seien die Reaktionen durchwegs positiv gewesen. „Und mit einem Schlag war die NS-Zeit in Thalagau aufgearbeitet."

26

Mit Drill zum Krieg erzogen

NS-Eliteschule bei Bischofshofen

Im Pongau sollte während des Zweiten Weltkriegs die künftige NS-Elite ausgebildet werden. Die Geschichte der Deutschen Heimschule Kreuzberg wurde nun erstmals ausführlich erforscht.

„Meine Pädagogik ist hart. Das Schwache muss weggehämmert werden." Dieses Zitat geht auf Adolf Hitler zurück und begründete die Prinzipien der Erziehung im Nationalsozialismus – Brutalität, Kameradschaft und blinder Gehorsam. In diesem Sinne wurden zwischen 1938 und 1945 auch die Schüler des Gymnasiums St. Rupert am Kreuzberg bei Bischofshofen erzogen. Die Nationalsozialisten wandelten die katholische Privatschule des Steyler Ordens wenige Monate nach dem „Anschluss" im Herbst 1938 in eine Deutsche Heimschule um. Ziel war, das Gymnasium in eine Eliteschule zur Heranbildung des NS-Führungsnachwuchses umzuformen – wie in einer Nationalpolitischen Erziehungsanstalt, auch als Napola bekannt.

Welche Ausmaße die Indoktrination mit nationalistischem Gedankengut bei den Schülern angenommen hatte, hat Gertrude Chalupny in ihrer Masterarbeit am Fachbereich Geschichte an der Universität Salzburg untersucht. Ihre Ergebnisse hat sie im Herbst 2022 als Buch veröffentlicht. Es ist die erste ausführliche wissenschaftliche Auseinandersetzung mit der NS-Geschichte der Pongauer Schule. Gertrude Chalupny lebt seit 1974 in Bischofshofen, zwei ihrer Kinder haben die Schule besucht. „Viele im Ort haben mir gesagt, dass sie nichts von der Vergangenheit von St. Rupert gewusst hätten. Es gibt viele Lücken zur NS-Geschichte der Region, weil Unterlagen fehlen."

Das Gymnasium Kreuzberg sollte, wie dazumal Gauleiter Friedrich Rainer in einer Rede betonte, zu einer „Musterschule des Gaues Salzburg" werden. Aufgabe sei es, die Jugend für Adolf Hitler zu erziehen, deshalb sei es unbedingt nötig, „die Kinder aus der Hand der Kirche zu befreien". Die Ordensleute mussten nach einer feierlichen Übernahme im Frühjahr 1939 das Schulgebäude verlassen und

Das heutige Privatgymnasium St. Rupert in Kreuzberg bei Bischofshofen – einst eine nationalsozialistische Erziehungsanstalt.

wurden durch weltliche Pädagogen ersetzt. Schrittweise verdrängte die neue Führung den Religionsunterricht aus dem Stundenplan, bis er ab 1941 ganz verboten war. Zugelassen waren in der Schule nur mehr Buben „arischer" Abstammung. Die Hitlerjugend übernahm Erziehungsaufgaben und übte Druck auf die Schüler aus. So wurden jene schikaniert, die nach wie vor die Kirche besucht hätten. Karl Springenschmid, der damalige Salzburger Landesschulrat und Leiter des Nationalsozialistischen Lehrerbundes, trieb die Umformung maßgeblich voran. Springenschmid galt als ein fanatischer Gegner der katholischen Kirche. Das führt auch Chalupny in ihrer Forschung aus: „Er war während des Austrofaschismus illegaler Nationalsozialist und verlor deshalb seinen Lehrerposten. Er entwickelte daraufhin einen regelrechten Klassenhass."

Statt humanistischer und katholischer Bildung standen Leibesübungen, militärisches Exerzieren und Mutproben an der Tagesordnung, wie der heutige Direktor von St. Rupert, Alois Lechner, schildert. Im Jahr 2018 hat der Steyler Orden die Trägerschaft der Schule an die Vereinigung von Ordensschulen in Österreich übergeben. Dabei sind Unterlagen aus der Zeit des Nationalsozialismus aufgetaucht. Eine Klasse hat daraufhin in einer Projektarbeit dieses dunkle Kapitel der Schulgeschichte erforscht. „Die Schülerinnen und Schüler waren sehr interessiert. Als ein Zeitzeuge vom Schulalltag erzählt hat, bekam die Geschichte eine andere Dimension für sie", sagt Lechner. Auch Gertrude Chalupny hat mit drei ehemaligen Schülern gesprochen. Zwei davon sind mittlerweile verstorben. „Die Buben haben die Zeit sehr unterschiedlich erlebt. Einige sind geflüchtet oder haben die Schule gewechselt. Andere hoben die Kameradschaft und die Erziehung zur Disziplin als positiv für ihre spätere berufliche Laufbahn hervor." Der über 90-jährige Peter Radacher erzählte vom „vormilitärischen Drill", der im Schulalltag geherrscht habe. Der Tag habe mit Antreten zum Morgenappell und dem Lied *Deutschland über alles* begonnen. Der Hitlergruß habe exakt mit den Fingerspitzen in Augenhöhe ausgeführt werden müssen. „Schwäche und Krankheit" seien nicht toleriert worden.

In den *Kreuzberger Mitteilungen,* die die Schule als Propagandablatt herausbrachte, versuchte die NS-Führung, die Moral unter den

Burschen hochzuhalten. Briefe von älteren Schülern an der Front wurden darin veröffentlicht, in denen sie den „Endsieg für den Führer" herbeisehnten. 13 Kreuzberger Schüler fielen im Zweiten Weltkrieg, drei wurden als vermisst gemeldet. Absolventen der Deutschen Heimschule fanden sich später unter den führenden Köpfen der Zweiten Republik: Justizminister Harald Ofner von der FPÖ, Unterrichtsminister und Außenminister Leopold Gratz von der SPÖ und Anton Bonimaier, späterer Salzburger Landesrat der ÖVP.

Nach Kriegsende konnte der Steyler Orden die Schule zurückerlangen und im Herbst 1945 den Unterricht wieder aufnehmen. Im Schuljahr 2022/23 besuchten etwa 350 Mädchen und Buben die Schule.

Gertrude Chalupny zufolge ist das Ziel der Nationalsozialisten, aus St. Rupert eine NS-Musteranstalt zu formen, gescheitert: „Schulabgänge, der Einzug älterer Schüler zum Wehr- und Kriegsdienst sowie Personalmangel in der Lehrerschaft erschwerten es, den Schulbetrieb am Laufen zu halten." Aber auch wirtschaftlich konnten die Nationalsozialisten keine Erfolge verbuchen. Umfassende Ausbaupläne für die Schule mit Lehrerbaracken und einem Schwimmbad scheiterten wegen Geldmangels.

27

Verstecke in der Sommerfrische

NS-Mütterheime am Wolfgangsee

Am Wolfgangsee waren mehrere Mütterheime für deutsche Frauen und ihre Kinder eingerichtet. Gegen Ende des Kriegs versteckten sich dort hohe NS-Offiziere.

Baden im See, spazieren gehen, am Nachmittag basteln und spielen – sodass „auch Mütter wie Kinder werden“. So wird der Alltag in den Mütterheimen der Nationalsozialistischen Volkswohlfahrt (NSV) im *Salzburger Volksboten* im Jahr 1941 beschrieben. Im Bürglgut bei Strobl wie auch in der Villa Herz in St. Gilgen sollten sich Mütter aus dem Deutschen Reichsgebiet mit ihren Kindern erholen. Wohlgemerkt, um anschließend wieder voll leistungsfähig die Lücken der kriegspflichtigen Männer in den Betrieben zu füllen und dem „Führer“ weitere gesunde Kinder zu schenken.

Die NSV wurde unmittelbar nach der Machtergreifung 1933 in Berlin gegründet. Der Verein verdrängte bald Einrichtungen wie die Caritas, Diakonie oder Rotes Kreuz und finanzierte sich aus Spenden und Mitgliedsbeiträgen. Im Jahr 1942 soll die NSV im gesamten Deutschen Reich etwa 16 Millionen Mitglieder gezählt haben. Jeder Dritte in der „Ostmark“ besaß ein Mitgliedsbuch der NSV, wie Christian Wasmeier schildert. Der Pädagoge und Historiker hat sich gemeinsam mit Christian Kloyber der Geschichte des Bürglguts gewidmet.

Die NSV war schon bald in sämtliche Lebensbereiche der Menschen eingedrungen. Außerdem fungierte sie als wichtiges Propagandainstrument der Nationalsozialisten. Mit sozialen Aktionen wie Spendensammlungen oder Kinder-Landverschickungen sollte das Volk gewonnen werden. Als Herzstück galt die Teilorganisation „Mutter und Kind“. Waren vor dem Krieg noch Salzburger Kinder nach Deutschland auf Erholung geschickt worden, brachte man später Kinder und Mütter aus den zerbombten deutschen Städten nach Österreich und hier vielfach ins Salzkammergut.

Bis Ende 1942 wurden mehr als 500 000 Mütter mit 52 000 Säuglingen und Kleinkindern in NS-Erholungsheime verbracht. Aktenkundig befanden sich vier davon um den Wolfgangsee, doch wie Quellen belegen, war auch in der Villa Kestranek in St. Gilgen ein Mütterheim eingerichtet. Die Villa ging nach dem Zweiten Weltkrieg an die Republik Österreich. Der Sozialverein „Rettet das Kind" erwarb das Haus im Jahr 1957, um Geflüchtete aus Ungarn unterzubringen, später wurden dort beeinträchtigte Jugendliche ausgebildet. Derzeit (Stand 2023) steht die Villa leer, ein Nebengebäude bewohnen Geflüchtete aus der Ukraine. Wasmeier zufolge ist die Quellenlage zu den NSV-Mütterheimen dünn. Listen mit Namen jener Frauen und Kinder, die dort untergebracht waren, gelten als verschollen.

Gegen Ende des Kriegs verschoben sich die Prioritäten im Bürglgut, so wurde die Funktion als Mütterheim in den Hintergrund gedrängt. Wie aus den Recherchen von Wasmeier und Kloyber hervorgeht, mietete der Gauleiter von „Oberdonau" August Eigruber im Jahr 1943 zwei Villen von den vier Häusern für sich als repräsentatives Gästehaus. Zeitweise wurden die Mütter sogar aus den Häusern ausquartiert, um für NS-Veranstaltungen und Gäste des Gauleiters Platz zu machen. Ab 1944 war auch Ernst Kaltenbrunner, SS-Obergruppenführer und Leiter des Reichssicherheits-Hauptamtes, mit seiner Familie auf dem Bürglgut eingemietet. Von dort aus organisierte er nach Kriegsende seine Flucht. Mit Segeljacht, Badeplatz, Tennisplatz und Bootshaus konnte die NS-Elite die Sommerfrische abgeschieden im Salzkammergut und fernab der Bombenangriffe auf die Städte leben.

„Ein gesundes Volk, glückliche Familien", so hatte Erich Hilgenfeldt, Leiter der NSV, das Ziel der Organisation im Juni 1942 im Großen Saal des Mozarteums in Salzburg beschrieben. Während als „arisch" geltende Mütter dort Erholung vom Alltag fanden, bedeutete die Schaffung der Heime gleichzeitig Leid und Ausgrenzung für andere Familien. Denn die Heime entstanden in „arisierten" oder enteigneten Anwesen.

Das Bürglgut war zuvor im Besitz der jüdischen Industriellenfamilie Petschek aus Prag gewesen. Nach dem „Anschluss" Österreichs an das Deutsche Reich im März 1938 zeigte SS-Reichsführer Heinrich Himmler persönliches Interesse an dem Anwesen. Im Jahr 1939 wurde das Bürglgut im Auftrag Himmlers von der Geheimen Staatspolizei für das Deutsche Reich beschlagnahmt und später an die

NSV verpachtet. Die Familie Petschek war 1938 in die USA geflüchtet. Nach dem Krieg gelang es ihr, das Sommerfrischehaus zurückzubekommen. Im Jahr 1955 kaufte die Österreichische Republik das Bürglgut und richtete darin später ein Bundesinstitut für Erwachsenenbildung ein.

In der Villa Herz in St. Gilgen, oder auch „Ganisl-Haus" genannt, wird die Sommerfrische noch im 21. Jahrhundert gelebt. Der Autor und ehemalige Schauspieler Miguel Herz-Kestranek hat einen Großteil seiner Kindheit dort verbracht. Nun bewohnt er in den Sommermonaten das Nebengebäude. Seine Großeltern wurden nach dem „Anschluss" enteignet, das Haus wurde „arisiert" und das „Mütterheim Gilgen" darin eingerichtet. Sein Vater, Stefan Herz-Kestranek, ging ins Exil nach Uruguay. „Er hat in diesen Jahren immer davon geträumt, den Schafberg wieder zu sehen", erzählt Miguel Herz-Kestranek. Seine Nichte, die Historikerin Marie-Theres Arnbom, hat sich umfassend mit den Exilerfahrungen der Familie befasst. „Nach dem Krieg haben in St. Gilgen Flüchtlinge, KZ-Überlebende und Rückkehrer aus dem Exil neben Nazis gelebt, das war ganz normal in der Nachkriegszeit in Österreich." So hat auch Stefan Kestranek in vierter Ehe die geschiedene Frau eines SS-Obersturmführers geheiratet, wie sein Sohn erzählt: „Sie war Nazi bis zum Schluss und er der verfolgte Jude bis zum Schluss. Dementsprechend wenig wurde in unserer Familie über die Zeit geredet. Erst kurz vor seinem Tod habe ich mit meinem Vater darüber gesprochen."

Das Haus erhielt die Familie „komplett ausgeraubt" zurück, sagt Herz-Kestranek. Sie hätten noch mehrere Jahre mit den Möbeln der NSV gelebt. „Das waren schwere Eichenmöbeln. Aus den Schrankbeinen haben wir eine Lampe gebastelt." Diese ist nun im Haus der Geschichte Österreich zu sehen. Darauf angesprochen, wie er das NS-Mobiliar so lange in seinem Besitz halten konnte, antwortet der ehemalige Schauspieler: „Die Lampe kann nichts dafür. Sie ist praktisch. Und ich kann sagen. Siehst du, lieber Hitler, ich habe aus deinen Möbeln eine Lampe gemacht, die mir jetzt leuchtet."

28

„Mafiöse Bandenstrukturen“

SS-Massenmörder und ihre Villen in St. Gilgen

Zwei KZ-Kommandanten ließen sich einst direkt am See private Häuser von Zwangsarbeitern errichten.

Die zwei Häuser liegen versteckt am Ufer des Wolfgangsees. Von der Bundesstraße, der Romantikstraße in St. Gilgen, aus sieht man sie kaum. Die Villen dienten hochrangigen SS-Männern während des Zweiten Weltkriegs als Rückzugsort. Nach „Festtagen im Süden" in Italien, wie die *Hamburger Illustrierte* 1942 titelte, machten sie dort einen Zwischenstopp. Der sogenannte Erholungsurlaub war „Belohnung" für all jene, die an den Massenmorden an mehr als 10 000 sowjetischen Kriegsgefangenen im Konzentrationslager Sachsenhausen bei Berlin beteiligt waren. Federführend bei der Planung dieser Morde waren Hans Loritz, KZ-Kommandant zunächst von Dachau und später Sachsenhausen, und Arthur Liebehenschel, KZ-Kommandant von Auschwitz. Beide ließen sich in St. Gilgen Häuser von Häftlingen aus Dachau – überwiegend Zeugen Jehovas – errichten. Deklariert wurden die Bauten als „Außenlager" von Dachau.

In den *Salzburger Nachrichten* stand bereits am 7. Dezember 1945, dass der aus Augsburg stammende Hans Loritz sich „durch Häftlinge eine prachtvolle Villa am Wolfgangsee" hatte erbauen lassen. Es ist eines der frühen Zeugnisse zum KZ-Außenlager. Emil Büge, Funktionshäftling in Sachsenhausen, machte heimlich Kopien von Lagerunterlagen, um die Brutalität der NS-Herrschaft zu dokumentieren. Das Loritz-Haus bezeichnete er als „von Häftlingsschweiß entstandene Villa". Belegt ist, dass nur wenige Tage nach dem Einmarsch der deutschen Wehrmacht in Österreich am 24. April 1938 Hans Loritz mehrere zusammenhängende Grundstücke am Wolfgangsee entlang der Straße nach Bad Ischl kaufte. Weniger bekannt ist, dass unweit davon im Jahr 1942 die Liebehenschel-Villa unter denselben Bedingungen „entstanden" ist. Für dieses Bauvorhaben hat Kommandant Hans Loritz eigens Häftlinge aus dem KZ Sachsenhausen nach Dachau und in der Folge nach St. Gilgen

Das einstige Haus Loritz („Villa Waldruh") am Wolfgangsee.

transportieren lassen. Arthur Liebehenschel, geboren in Polen, war ab 1941 Obersturmbannführer bei der Inspektion der Konzentrationslager und ab 1943 Kommandant in Auschwitz. Er war es auch, der sich dafür einsetzte, dass die an den Massenmorden beteiligten SS-Mitglieder das Kriegsverdienstkreuz verliehen bekamen.

Der deutsche Historiker Dirk Riedel vom NS-Dokumentationszentrum München hat sich bereits in seiner Doktorarbeit im Jahr 2010 umfassend mit der Verbindung der beiden hochrangigen SS-Männer Loritz und Liebehenschel beschäftigt: „Es ist keine private Briefkorrespondenz zwischen den beiden Männern belegt. Aber es ist dokumentiert, dass sie zusammen an der Planung der Massenmorde an sowjetischen Kriegsgefangenen beteiligt waren. Man hat sich gegenseitig unterstützt und gedeckt. Es war wie eine mafiöse Bandenstruktur." So ließ Loritz Baumaterial anliefern, das in KZ-Werkstätten – auch als „Loritz-Werke" bekannt – gefertigt wurde. Im Einreichplan seines Sommerhauses sind die „SS-Wirtschaftsbetriebe Dachau" als bauausführende Instanz genannt. Aus den Quellen geht für Riedel hervor, dass Loritz sich „offensichtlich persönlich bereichern wollte."

Für die Bauarbeiten in St. Gilgen habe Loritz bewusst Jehovas Zeugen eingesetzt: Denn man stellte fest, dass sie Arbeiten gewissenhaft durchführten, sich nicht verweigerten oder flüchteten. Die meisten von ihnen sahen das KZ als Prüfung Gottes. Nach Auskunft eines Sprechers von Jehovas Zeugen Österreich seien 36 KZ-Häftlinge der Glaubensgemeinschaft am Wolfgangsee belegt: „Der Großteil davon war illegal an den Villen von Hans Loritz und Arthur Liebehenschel eingesetzt." Während Angehörige der Glaubensgemeinschaft im Dachauer Hauptlager extrem harten Bedingungen und Schikanen ausgesetzt waren, sei Aussagen von Überlebenden zufolge die Zeit in St. Gilgen trotz zum Teil schwerer Arbeiten „erträglicher" gewesen. Einer der Zwangsarbeiter, der Gefangenenkoch Heinrich Lutterbach, schilderte: „23 Tage harte Arbeit bis zum Einbruch der Dunkelheit. Roden, graben, Steine fahren, schleppen, betonieren." Über Nacht seien sie ins St. Gilgener Gemeindegefängnis eingesperrt worden. Erst für spätere Bauphasen kamen die Gefangenen in einer Baracke am Areal unter. Die Bevölkerung von St. Gilgen war über den Einsatz der Kriegsgefangenen durchaus informiert, wie Riedl herausgefunden hat. Die Transporte zwischen dem Dorfgefängnis und der Baustelle wurden wahrgenommen, Spaziergänger an der Baustelle erhielten die Anweisung, schnell weiterzugehen. Und der Bürgermeister Josef Kogler beschrieb den bayerischen SS-Aufseher als „mordswillig", der sich „sehr brutal" verhalten habe.

Doch was wurde aus den beiden Männern, die sich am Wolfgangsee ihre Sommerhäuser bauen ließen? Hans Loritz, der zwar für seine „Härte" gegenüber Häftlingen bekannt war, fiel gleichzeitig immer wieder mit Korruption auf. Er wurde wiederholt strafversetzt. Nach Kriegsende drohte ihm wegen der Ermordung der sowjetischen Gefangenen die Auslieferung an die Sowjetunion. Im Internierungslager Gadeland bei Neumünster beging er 1946 Suizid.

Arthur Liebehenschel wurde nach Kriegsende im Jahr 1945 von den Alliierten aufgegriffen und zum Tode verurteilt. Das Haus in St. Gilgen ging nach 1945 an die Republik Österreich und wurde 1965 an eine Privatperson veräußert. Seit 1987 gehört das Anwesen der Mutter von Tassilo Wallentin, dem Juristen, Bundespräsidentschaftskandidaten im Jahr 2022 und ehemaligen Krone-Kolumnisten.

Das Bundesdenkmalamt hat mittlerweile beide Häuser, Haus Loritz und Liebehenschel, als Opfer- wie Täterorte unter Schutz gestellt. Die Eigentümer gehen gerichtlich dagegen vor. Der Historiker Dirk Riedel befürwortet die Unterschutzstellung: „Es ist wichtig für das Verständnis, dass sich die Gräueltaten der Nationalsozialisten nicht nur an einzelnen abgeschirmten Orten abgespielt haben, sondern dass es ein dichtes Netz von Konzentrationslagern mit Außenlagern gab." Gleichzeitig sollen die Gebäude aber kein Kultort für Neonazis werden: „Es sind historische Orte, nicht mehr und nicht weniger."

29

Der Vorhof zum KZ

Das Schicksal der Gefangenen im „Zigeunerlager Maxglan“

In einem Gefangenenlager in Leopoldskron-Moos waren während des Zweiten Weltkriegs mehr als 200 Roma und Sinti inhaftiert, bevor ein Großteil von ihnen nach Auschwitz deportiert wurde. Nur wenige überlebten.

Sie hatte dort keinen Namen, sie war nur eine Nummer. Agathe Herzenberger ist im Jahr 1941 in Salzburg geboren, mit eineinhalb Jahren wurde sie unter der Bezeichnung „Z-6541“ im Konzentrations- und Vernichtungslager Auschwitz-Birkenau ermordet. Dieses Schicksal teilen zumindest weitere 17 Kinder aus dem Zwangslager Maxglan, in dem von Herbst 1940 bis April 1943 bis zu 250 Roma und Sinti gefangen genommen waren. Obwohl sich das Lager im Stadtteil Leopoldskron-Moos am Schwarzgrabenweg befand, wurde es nach dem angrenzenden Stadtteil als „Zigeunerlager Maxglan“ benannt.

Die Lage der Roma und Sinti, die aufgrund ihrer Lebensweise seit Jahrhunderten Diskriminierung ausgesetzt waren, verschärfte sich in der Zeit des Nationalsozialismus. Mit dem sogenannten Festsetzungserlass vom Oktober 1939 durften sie ihren Aufenthaltsort nicht mehr verlassen. Sie wurden an Sammelplätzen zusammengeführt. Das größte Lager Österreichs befand sich in Lackenbach im Burgenland. In Salzburg waren Roma und Sinti zunächst in Pferdeställen am Trabrennplatz in Parsch untergebracht, bevor die Baracken in Leopoldskron fertiggestellt waren. „Die Versorgung war schlecht, die Bedingungen waren prekär“, schildert Erika Thurner. Die Vorarlberger Historikerin beschäftigte sich in den 1980er-Jahren als Erste wissenschaftlich mit dem Lager Maxglan. „Für die Insassen herrschte Arbeitszwang. Männer und Burschen arbeiteten an der Errichtung der Westautobahn sowie in Baufirmen mit. Frauen versorgten die Kinder und pflegten das Lager.“

Ausgewählte Häftlinge, die etwa musikalisch waren, und einige Kinder wurden als Komparsen für Leni Riefenstahls Film *Tiefland*

Stolpersteine für Roma- und Sintikinder beim Standort des ehemaligen „Zigeunersammellagers“ in der Stadt Salzburg.

rekrutiert. Die deutsche Regisseurin, die mehrere Nazi-Propagandafilme produzierte, setzte etwa 100 Sinti und Roma aus Lagern in Salzburg und Berlin ein. Der Historiker Roland Cerny-Werner hat sich mit der Aufarbeitung des Films beschäftigt und mit Zeitzeuginnen und Zeitzeugen gesprochen. Rosa Winter, geborene Kendlbacher, spielte in *Tiefland* ein spanisches Kind. Wie sie erzählt, flüchtete sie mehrmals vom Drehort, weil sie zu ihrer Mutter wollte. Sie sei aber immer wieder gefasst und zurückgebracht worden. Die Roma und Sinti schliefen während der Dreharbeiten in einem Stadel, Riefenstahl dagegen ruhte sich in einem Wohnwagen aus, der den Fahrenden zuvor abgenommen worden war. Rosa Winter hat den Holocaust als einzige ihrer Familie überlebt.

Den Komparsen wurde ein Lohn für ihre Mitwirkung am Film zugesagt, angekommen ist bei den Sinti und Roma aus Salzburg kein Cent, wie Untersuchungen ergaben. Als die Riefenstahl-Film GmbH am 6. April 1943 die fällige Sonderausgleichsabgabe für 68 Berliner Sinti zahlte, waren diese schon seit März in das „Zigeunerlager" von Auschwitz-Birkenau deportiert. Der Großteil von ihnen wurde dort ermordet. Der Film wurde schließlich im Jahr 1954 erstaufgeführt. Leni Riefenstahl stritt bis zuletzt ab, vom Schicksal der Komparsen gewusst zu haben. Das erscheint Roland Cerny-Werner aber wenig glaubwürdig: „Riefenstahl lebte und wirkte im Zentrum der Macht. Es gab mehr als 1 500 KZ-Außenlager, diese lagen nicht versteckt. Wer es sehen wollte, konnte es sehen."

Doch wie reagierte die Salzburger Bevölkerung auf die Häftlinge in Leopoldskron? Cerny-Werner beschreibt die Situation als ein „bewusstes Wegschauen". Zeitzeuginnen und Zeitzeugen berichten, dass vor allem Kinder aus der Nachbarschaft Äpfel und Brot über den Stacheldraht ins Lager geworfen hätten. „Es gab also Solidaritätsbekundungen, aber keinen Widerstand."

Nach der Wannseekonferenz im Jahr 1942 wurde die sogenannte Endlösung vorangetrieben. Konkret ging es um die systematische Ermordung von etwa elf Millionen Menschen, darunter Juden, Sinti und Roma sowie weitere von den Nationalsozialisten als minderwertig eingestufte Gruppen. Erika Thurner betont: „Salzburg wollte ein NS-Mustergau sein. Dort, wo der ‚Führer' so nah am Obersalzburg weilte, wollte man die Maßnahmen schnell durchsetzen und ‚zigeunerfrei' werden." Bis zum Frühjahr 1943 wurden alle Insassen in Lager Richtung Osten deportiert. Nur wenige, etwa 20 der Salzburger Häftlinge, überlebten den Holocaust. „Wer nach Auschwitz kam, starb entweder aufgrund der harten Bedingungen oder wurde bis 1944 ermordet." In der Nacht von 2. auf 3. August 1944 wurde das „Zigeunerlager" in Auschwitz-Birkenau aufgelöst. Etwa 4300 Männer, Frauen und Kinder starben in den Gaskammern.

Die Baracken in Leopoldskron-Moos wurden nach 1943 dem Erdboden gleichgemacht. Ein Mahnmal mit einer von dem Künstler Zoltan Pap geschaffenen Figur auf Rädern erinnert dort noch heute an das Lager. Nur wenige Meter entfernt sind für die in Salzburg geborenen und in Auschwitz getöteten Kinder seit dem Jahr 2007 Stolpersteine auf dem angrenzenden Geh- und Radweg verlegt. Dass die Namen bekannt sind, ist hauptsächlich dem Historiker Gert Kerschbaumer zu verdanken. Er hat Polizeiakten, Geburts- und Sterbematriken sowie Unterlagen aus Auschwitz durchforstet und konnte 213 Namen ehemaliger Insassinnen und Insassen ausfindig machen. „Es war schockierend zu sehen, wie wenige von ihnen überlebt haben", konstatiert Kerschbaumer. Umso wichtiger sei es, daran zu erinnern: „Eine Familie, die überlebt hat, besuchte den Ort vor einigen Jahren. Sie war froh, dass in Salzburg der Opfer gedacht wird." Das Mahnmal, das ein Symbol gegen Ausgrenzung von Minderheiten sein soll, ist bereits zwei Mal Vandalismus zum Opfer gefallen. Zuletzt wurde die Metallskulptur im Februar 2023 vom Sockel gerissen. Nach einer Restaurierung durch den Künstler konnte das Mahnmal vom Hochbauamt der Stadt Salzburg im Sommer 2023 wieder aufgestellt werden.

30

Von Blindgängern und verborgenen Kratern

Bomben auf die Mozartstadt

Ein Drittel der Häuser in der Stadt Salzburg wurde 1944/45 durch Luftangriffe zerstört. So manche Munition, die nie explodierte, schlummert noch heute im Untergrund.

Gerold Müller war elf Jahre alt, als Bomben während des Zweiten Weltkriegs die Stadt Salzburg trafen. „Wenn Fliegeralarm war, haben wir häufig von unserem Garten in Maxglan aus die Bomber beobachtet", berichtet der heute 89-Jährige. „Wir waren dem Luftschutzstollen im Mönchsberg zugeteilt. Aber da waren wir gar nicht gerne drinnen, weil es stickig war und Redeverbot herrschte, um Sauerstoff zu sparen." Als junge Buben habe sie das auch fasziniert, „weil wir das Ausmaß nicht verstanden haben. In der Schule hat man immer noch vom Endsieg gesprochen." Die US-amerikanische Luftflotte ließ zwischen Herbst 1944 und Mai 1945 insgesamt 15 Mal Bomben auf Salzburg regnen.

Zunächst war die Mozartstadt lange von Angriffen verschont geblieben. Im Jahr 1943 erwirkte der damalige Gauleiter Gustav Adolf Scheel, dass auch in Salzburg Schutzeinrichtungen für die Bevölkerung gebaut werden, „zur Vorbeugung", wie es hieß. Der Historiker Erich Marx, der sich in den 1990er-Jahren eingehend mit den Bombenangriffen beschäftigte, schildert: „Salzburg hatte mit den Stadtbergen – dem Mönchsberg und dem Kapuzinerberg – optimale Schutzräume. Beim ersten Angriff sind allerdings nur wenige hineingegangen, weil es viele nicht so ernst genommen haben. Es hieß, Salzburg werde sowieso nicht angegriffen."

Dass die Gefahr nicht ausreichend ernst genommen wurde, schlägt sich in den Zahlen nieder: Im Zuge der ersten US-amerikanischen Bombardierung der Stadt am 16. Oktober 1944 kamen 245 Menschen ums Leben. Insgesamt starben bei allen Angriffen bis 1. Mai 1945 547 Personen. Etwa ein Drittel der Häuser in der Stadt Salzburg wurde beschädigt, darunter auch der Dom. Die Kuppel war nach einem Angriff im Oktober 1944 eingestürzt. Auch das Bürgerspital, das

Katastrophale Schäden im Zuge der alliierten Bombardierungen, hier im Salzburger Stadtteil Itzling.

Kaiviertel und das Mozart-Wohnhaus waren schwer getroffen. Große Schäden verzeichnete man zudem im Bereich des Hauptbahnhofs.

Ziele der Bombardierungen waren der Bahnhof, die Gleise und die Eisenbahnbrücke, um Transporte aus Deutschland nach Salzburg und weiter in Richtung Süden zu stoppen. Erich Marx beschreibt die Vorgehensweise der Alliierten folgendermaßen: „Die USA hatte vor allem kriegswichtige Ziele wie Fabriken und Infrastruktur im Visier, Großbritannien wollte flächenmäßig bombardieren, um die Bevölkerung zu demoralisieren." Zu einem Angriff der Briten auf Salzburg kam es jedoch nicht.

Die Mär, dass die Amerikaner Bomben über den Wäldern und Wiesen im Umland abgeworfen hätten, um so wenig die Zivilbevölkerung wie möglich zu treffen, relativiert der Historiker: „Bomben auf das Feld zu werfen, wäre Vergeudung von Kriegsmaterial gewesen, das wollten auch die Amerikaner nicht. Es war die Folge von Fehlabwürfen oder Notabwürfen." Wie es dazu kam? Da die deutsche Flugabwehrkanone (Flak) die Granaten in einer Höhe von bis zu 8000 Metern abfeuern konnte, mussten die US-amerikanischen Flieger hoch anfliegen. „Da reichte leichter Wind, um die Bomben während des Falls abzutragen." Manchmal mussten Flieger Gewicht abladen, etwa, wenn sie getroffen wurden. Zudem ließ man die Stadt vernebeln, sodass Abwürfe nicht möglich waren. So lassen sich auch in den Umlandgemeinden wie Bergheim Bombenkrater finden. Unweit der Basilika Maria Plain sind mehrere Bombenkrater im Wald zu erkennen.

Auf den Wiesen und Waldflächen von Matthias Nussdorfer am Voggenberg in Lengfelden im Gemeindegebiet Bergheim finden sich noch heute mindestens sieben Bombenkrater mit einem Durchmesser von zehn Metern. Die meisten – vor allem jene am Feld – wurden mittlerweile zugeschüttet, damit die Wiese leichter bewirtschaftet werden kann. Und doch kann man bei genauem Hinsehen die Rundungen in der Wiese erkennen. „Mein Onkel, der damals 15 Jahre alt war, hat die Angriffe miterlebt und uns davon berichtet", erzählt der Landwirt. „So viele Flieger flogen über die Wiesen, dass man sie kaum zählen konnte. Und wie laut es war, als die Bomben in unmittelbarer Nähe eingeschlagen haben! Die Fensterscheiben sollen vibriert haben. Das Haus und die Familie sind verschont worden."

Noch heute findet er bei Holzarbeiten Bombensplitter in den Bäumen. Ebenso in Lengfelden soll sich eine tragische Geschichte beim Stöcklbauern zugetragen haben: Das Stallgebäude wurde getroffen, dabei soll es die Kühe zerrissen haben, wie es heißt. Und eine Frau soll infolge der Detonation getötet worden sein.

Dennoch sei Salzburg im Vergleich zu anderen Städten glimpflich davongekommen, so die abschließende Analyse des Historikers Erich Marx. Wien zählte 53 Angriffe, dabei kamen 8 769 Menschen ums Leben. In Graz waren es 56 Angriffe und 1 980 Tote, in Wiener Neustadt kamen bei 29 Angriffen 790 Menschen ums Leben. Auch der Wiederaufbau ging nach Kriegsende in Salzburg flott voran: „Die Amerikaner wollten nicht, dass so lange sichtbar blieb, dass sie es waren, die die Kulturstadt zerstört haben."

Noch heute sollen Blindgänger im Untergrund der Stadt Salzburg verborgen liegen. Die genaue Anzahl und Lokalisation sind schwer zu eruieren. Im Juli 2003 kam es deshalb zu einer Tragödie: „Der Zeitzünder löste das Unglück aus", lautete die Schlagzeile am 18. Juli in den *Salzburger Nachrichten*. Am Tag davor waren bei einem Entschärfungseinsatz am Gelände des Salzburger Hauptbahnhofes zwei Sprengmeister ums Leben gekommen. Zwei weitere Personen wurden schwer verletzt. Es handelte sich um eine 250 Kilogramm schwere US-amerikanische Fliegerbombe. Diese sei bereits mit einem Bagger gehoben worden, bevor sie mit voller Wucht detonierte, heißt es in dem Bericht. Laut Polizei explodierte die Bombe während der kritischen Phase, nämlich beim Ziehen des Zünders. Die Erschütterungen waren auch in den Häusern im Umkreis zu spüren. Der Krater war sechs Meter tief.

Anhang

Literaturverzeichnis

Gerhard Ammerer, Christoph Brandhuber: Schwert und Galgen. Die Geschichte der Todesstrafe in Salzburg, Salzburg 2018.

Marie-Theres Arnbom: Damals war Heimat. Die Welt des Wiener jüdischen Großbürgertums, Wien 2014.

Marie-Theres Arnbom mit Miguel Herz-Kestranek: „... also hab ich nur mich selbst!“: Stefan Herz-Kestranek – Stationen eines großbürgerlichen Emigranten 1938–1945, Wien 1997.

Thomas Bernhard: Die Ursache. Eine Andeutung, Salzburg 1975.

Heiner Boberski, Peter Gnaiger, Martin Haidinger, Thomas Schaller, Robert Weichinger (Hg.): Mächtig. Männlich. Mysteriös. Geheimbünde in Österreich, Salzburg 2015.

Christoph Brandhuber: Gymnasium mortis. Das Sacellum der Universität Salzburg und seine Sitzgruft. Hrsg. von Ursula Schachl-Raber, Salzburg 2014.

Gertrude Chalupny: Deutsche Heimschule Kreuzberg bei Bischofshofen. Erziehung zur NS-Elite in Salzburg, Salzburg 2022.

Peter Danner: Salzburg im Regen – Regen in Salzburg in Zeugnissen aus dreizehn Jahrhunderten, Salzburg / Wien 2016.

Alain Demurger: Die Templer. Aufstieg und Untergang 1120–1314, München 2007.

John Dickie: Die Freimaurer. Der mächtigste Geheimbund der Welt, Frankfurt am Main 2021.

Gerda Dohle: Das Kriegsgefangenen- und Flüchtlingslager Grödig 1915–1920. Edition der Chronik des Gendarmerie-Postens Grödig für die Jahre 1914–1920. In: Oskar Dohle, Thomas Mitterecker (Hg.): Salzburg im Ersten Weltkrieg. Fernab der Front – dennoch im Krieg. Schriftenreihe des Salzburger Landesarchivs Nr. 22, Schriftenreihe des Archivs der Erzdiözese Salzburg Bd. 13, Schriftenreihe des Forschungsinstitutes für politisch-historische Studien der Dr.-Wilfried-Haslauer-Bibliothek, Bd. 48, Salzburg, Wien/Köln/Weimar 2014.

Heinz Dopsch, Hans Roth (Hg.): Laufen und Oberndorf. 1250 Jahre Geschichte, Wirtschaft und Kultur an beiden Ufern der Salzach, Laufen 1998.

Daniela Ellmauer, Helga Embacher, Albert Lichtblau: „Geduldet, geschmäht und vertrieben – Salzburger Juden erzählen“, Salzburg/Wien 1998.

Stefan Feiler, Josef A. Standl, Hans Roth: Flachgau und Rupertiwinkel im Wandel der Zeit. Gedenkband 1816–2016, Oberndorf 2016.

Alois Groppenberger von Bergenstamm: Geschichte des Dorfes Heiligenstadt. Zum Besten der Abgebrannten in diesem Dorfe, Wien 1807.

Ernst Hanisch: Lustschloss Kleßheim. In: Helga Embacher, Ernst Fürlinger, Josef B. Mautner (Hg.): Salzburg Blicke, Salzburg/Wien 1999, S. 131–134.

Charlotte E. Haver: Von Salzburg nach Amerika. Mobilität und Kultur einer Gruppe religiöser Emigranten im 18. Jahrhundert, Paderborn 2011.

Lisa Huber, Eva Thysell, Maria Marschler, Andrea Stadlmayr, Felix Lang, Stefan Traxler: Kontakte und Identitäten in Lauriacum/Enns im Spiegel der Gräber. Archäologische und anthropologische Interpretationsmöglichkeiten ausgewählter Grabbefunde, Konferenzpapier 2023.

Bernhard Iglhauser: „Hut ab vor diesen Bekennern" – Thalgau 1914–1945, Thalgau 2008.

Roswitha Juffinger: Erzherzog Ludwig Viktor. Franz Josephs jüngerer Bruder und sein Schloss Kleßheim. Residenzgalerie Salzburg / Domquartier, Salzburg 2019.

Barbara Sabine Kienesberger: Das Delikt des Schadenzaubers unter besonderer Berücksichtigung der Hexenprozesse während der frühen Neuzeit, Diplomarbeit an der Universität Salzburg 2020.

Peter Klammer: Coitus cum diabolo – Der Mooshamer Hexenprozess von 1688/89, erschienen im P. Klammer Verlag 2006.

Peter Klammer, Hermann Rumschöttel: Mauterndorf. Der königliche Markt, erschienen im P. Klammer Verlag 2017.

Peter Klammer: Daß sy der Rit Schütt. Das Lungauer Zauberer- und Hexenbuch, erschienen im P. Klammer Verlag 2014.

Laurenz Krisch: „Zersprengt die Dollfußketten". Die Entwicklung des Nationalsozialismus in Bad Gastein bis 1938, Schriftenreihe des Forschungsinstitutes für politisch-historische Studien der Dr. Wilfried-Haslauer-Bibliothek, Bd. 19, Wien 2003.

Johannes Lang: Das Erbe der „Lazarusgeschichte". Zur Entstehung und Instrumentalisierung der Untersbergsage. In: Mitteilungen der Gesellschaft für Salzburger Landeskunde 150 (2010), S. 125–178.

Johannes Lang, Albin Kühnel: Halt Zoll! Der Schmuggel zwischen Salzburg und Bayern 1946–1954, Bad Reichenhall 2010.

Albert Lichtblau: „Arisierungen", beschlagnahmte Vermögen, Rückstellungen und Entschädigungen in Salzburg. Veröffentlichungen der Österreichischen Historikerkommission. Vermögensentzug während der NS-Zeit sowie Rückstellungen und Entschädigungen seit 1945 in Österreich, Band 17/2, Wien/München 2004.

Christoph Lindenmeyer: Rebeller, Opfer, Siedler. Die Vertreibung der Salzburger Protestanten, Salzburg 2015.

Erich Marx (Hg.): Bomben auf Salzburg. Die „Gauhauptstadt“ im „Totalen Krieg“, Salzburg 1995.

Erich Marx, Peter Kramml, Peter Husty (Hg.): Die Flammen loderten wütend. Der große Stadtbrand in Salzburg 1818, Salzburg 2018.

Reinhard Medicus: Salzburgs Stadtberge und Stadtgärten im Wandel der Zeit, Salzburg 2002.

Kurt A. Mitterer: Salzburg anno 1800 – Die vergessene Schlacht auf den Walser Feldern, Salzburg 1999.

Kurt A. Mitterer: Anno 1800: Schlacht vor den Toren Salzburgs. Ein vergessenes militärisches Großereignis, in: Mitteilungen der Gesellschaft für Salzburger Landeskunde 140 (2000), S. 169–184.

Horst Mühleisen: Hellmuth Stieff – Patriot und Zauderer. In: Klemens von Klemperer, Enrico Syring, Rainer Zitelmann (Hg.): „Für Deutschland“. Die Männer des 20. Juli, Frankfurt am Main 1994, S. 247–260.

Karl Müller: „Fort mit dem volksfremden ‚Geistesgut‘“! Zu einigen Aspekten von Kulturvernichtung – Versuch einer Einführung. In: Heimo Halbrainer, Gerald Lamprecht, Michaela Wolf (Hg.): Dort wo man Bücher verbrennt, verbrennt man auch am Ende Menschen. Bücherverbrennungen in der Vergangenheit, Gegenwart und in der Erinnerung, Graz 2020, S. 45–64.

Heinz Nagl: Der Zauberer-Jackl-Prozeß. Hexenprozesse im Erzstift 1675–1690. In: Mitteilungen der Gesellschaft für Salzburger Landeskunde 112/113 (1973), S. 385–539.

Leopold Öhler: Die Pest in Salzburg, Salzburg 2013.

Helmut Perl: Der Fall „Zauberflöte“. Mozarts Oper im Brennpunkt der Geschichte, Darmstadt 2000.

Dirk Riedel: Ordnungshüter und Massenmörder im Dienst der „Volksgemeinschaft“: Der KZ-Kommandant Hans Loritz, Berlin 2010.

Jürgen Sarnowsky: Die Templer, München 2009.

Reinhard Scharfetter, Der Strafrechtliche Tatbestand: „Eingriff in fremdes Jagdrecht“ nach §§ 137 ff StGB unter besonderer Berücksichtigung der „Wilderei“ in Salzburg, Dissertation an der Universität Salzburg 2001.

Martin Scheutz: Bettler – Werwolf – Galeerensträfling. Die Lungauer „Werwölfe“ des Jahres 1717/18 und ihr Prozess. In: Salzburg Archiv. Schriften des Vereins Freunde der Salzburger Geschichte, 2001.

Norbert Schindler: Wilderei im Zeitalter der französischen Revolution. Ein Kapitel alpiner Sozialgeschichte, München 2001.

Franz Schirlbauer: Aigen, der Aigner Park und die Freunde Mozarts. In: Bastei. Blätter des Stadtvereins Salzburg für Erhaltung und Pflege von Bauten, Kultur und Gesellschaft, Salzburg, Juni 1991.

Stefan Schmidt: Das Jahr ohne Sommer. Entwicklung einer Hungerkrise in Mitteleuropa und eine Betrachtung des klimatischen Verlaufs der Jahre 1816 und 1817 in Salzburg. Diplomarbeit an der Universität Salzburg 2016.

Angelika Taschen (Hg.): Leni Riefenstahl – fünf Leben, Köln 2000.

Erika Thurner: Die Zigeuner als Opfer nationalsozialistischer Verfolgung in Österreich, Dissertation an der Universität Salzburg 1983.

Stefan Traxler, Felix Lang: Hercules im Kalkbrennofen. Eine Kalkbrennofenbatterie in Lauriacum/Enns. In: Dies. (Hg.): 50 Jahre Archäologie an der Paris Lodron-Universität Salzburg, Workshop Salzburg, 14. Dezember 2016. ArchaeoPlus 9. Salzburg, 2017, S. 123–131.

Katrin Unterreiner: Luziwuzi. Das provokante Leben des Kaiserbruders Ludwig Viktor, Wien/Graz 2019.

Sabine Veits-Falk: Zeit der Noth. Armut in Salzburg 1803–1870, Verein Freunde der Salzburger Geschichte, Salzburg 2000.

Verein Via Aurea: Reise in goldene Zeiten. Wege des Tauerngoldes, Rauris 2021.

Lieselotte von Eltz-Hoffmann: Aigen und die Salzburger Illuminaten. In: Bastei. Blätter des Stadtvereins Salzburg für Erhaltung und Pflege von Bauten, Kultur und Gesellschaft, Salzburg, September 2005.

Imma Walderdorff: Schloss Kleßheim. Gästehaus des Führers 1940–1945. Online erschienen bei ART-Dok, Heidelberg 2020.

Julia Walleczek-Fritz, Kriegsgefangene im Kronland Salzburg im Ersten Weltkrieg. In: Oskar Dohle, Thomas Mitterecker (Hg.): Salzburg im Ersten Weltkrieg. Fernab der Front – dennoch im Krieg. Schriftenreihe des Salzburger Landesarchivs Nr. 22, Schriftenreihe des Archivs der Erzdiözese Salzburg Bd. 13, Schriftenreihe des Forschungsinstitutes für politisch-historische Studien der Dr.-Wilfried-Haslauer-Bibliothek, Bd. 48, Salzburg, Wien/Köln/Weimar 2014.

Nora Watteck: Die Pest in Salzburg. In: Mitteilungen der Gesellschaft für Salzburger Landeskunde 123 (1983), S. 191–210.

Christian Wasmeier, Christian Kloyber: Das Bürglgut. Von der Großbürgerlichkeit zur Restitution, Wien 2011.

Erika Weinzierl, Ernst Hanisch, Karl Stuhlpfarrer (Hg.), Nationalsozialismus und Zigeuner in Österreich. Veröffentlichungen zur Zeitgeschichte 2, Wien/Salzburg 1983.

Heinz Wiesbauer, Heinz Dopsch (Hg.): Salzach macht Geschichte. Herausgegeben vom Verein „Freunde der Salzburger Geschichte“ in Kooperation mit dem Bundesministerium für Nachhaltigkeit und Tourismus, Salzburg 2019.

Links

Josef Auer: Wilderei – Not oder Leidenschaft. Online unter: http://www.kalchofengut.at/ausstellungen/wilderei-not-oder-leidenschaft (zuletzt abgerufen am 4.9.2023).

Evangelisches Museum Österreich: Die Ausweisung der Salzburger Protestanten 1731/32. Online unter: https://museum.evang.at/rundgang/1648-bis-1781/salzburg-173132/ (zuletzt aufgerufen am 4.9.2023).

QhoD – Digitale Edition von Quellen zur habsburgisch-osmanischen Diplomatie 1500–1918. Online unter: https://qhod.net/

Salzburger Verein in Bielefeld: https://salzburgerverein.de/

Toleranzweg in Filzmoos: https://www.filzmoos.at/de/entdecken/toleranzberg-filzmoos.html

Bildnachweis

Bundesdenkmalamt; Aufnahme: Brigitte Muschal: S. 36

Hubert Auer, Salzburg: S. 40

Salzburg Museum: S. 64/65 und 74 (Gemälde: Der große Brand der Rechtsstadt von Salzburg am 30. April 1818, 1828–28, J. M. Sattler, Inv.-Nr. 2065-49), S. 92 (Grafik: Emigration der Salzburger Protestanten, 1732, Decker und Kleinschmidt, Inv.-Nr. 2433-49)

SN/Albin Kühnel: S. 60; SN/Anna Boschner: S. 52, 84, 96, 100; SN/Archiv Färbinger: S. 56; SN/Archiv Christian Wasmeier: S. 126; SN/Ortsarchiv St. Gilgen: S. 130; SN/privat: S. 14; SN/Robert Ratzer: S. 12/13, 88; SN/Simona Pinwinkler: S. 18, 26, 104, 118, 122, 134; SN/Stadtarchiv Oberndorf: S. 78

Stadtarchiv Salzburg, Fotoarchiv Franz Krieger: S. 114; Stadtarchiv Salzburg, Fotosammlung: S. 108/109, 138

Stephanie Rausch: S. 149

Tanja Kühnel: S. 48

TVB Tourismus Lungau, Salzburger Land: S. 22

Wikimedia/gemeinfrei: S. 44

shutterstock.com: Robert and Monika: S. 30; GetSchwifty: 34/35; Roman Loft: 66; MudaCom: 70; Gorodenkoff: 82/83; Uta Scholl: 110; ON-Photography Germany: 142/143

Anna Boschner

BA BSc, geboren in Prien am Chiemsee, hat Geografie und Kommunikationswissenschaft an der Universität Salzburg studiert, schreibt als Redakteurin bei den Salzburger Nachrichten über Chronikales, Historisches und Gesellschaft.

Simona Pinwinkler

Mag., geboren in Salzburg, hat Germanistik, Geschichte und Politische Bildung an der Universität Salzburg studiert, schreibt als Redakteurin bei den Salzburger Nachrichten über Politik, Kultur und Historisches.

Hier geht es direkt zum Erfolgspodcast „Schattenorte“:

Thomas Neuhold, Andreas Praher
Widerstand – Verfolgung – Befreiung
Zeitgeschichtliche Wanderungen

248 Seiten
durchgehend farbig bebildert
11,5 x 18 cm
französische Broschur
ISBN 978-3-7025-0963-7
€ 24,–

»Sehnsucht habe ich
nach Euch und den Bergen …«
(aus dem Abschiedsbrief der 1943 im Alter von 24 Jahren ermordeten Salzburger Widerstandskämpferin Rosa Hofmann)

Thomas Neuhold
Salzkammergut
Orte der Erinnerung
• hingehen • begreifen
• niemals vergessen

ca. 96 Seiten
11,5 x 18 cm
Softcover mit beiliegendem Übersichts-Faltplan
ISBN 978-3-7025-1124-1
€ 20,–